——————————— 님의 소중한 미래를 위해

이 책을 드립니다.

주린이도 술술 읽는
친절한 주가차트책

주린이도 술술 읽는

친절한
주가차트책

주가차트 왕초보가 꼭 알아야 할 기본

백영 지음

메이트북스

메이트북스 우리는 책이 독자를 위한 것임을 잊지 않는다.
우리는 독자의 꿈을 사랑하고,
그 꿈이 실현될 수 있는 도구를 세상에 내놓는다.

주린이도 술술 읽는 친절한 주가차트책

초판 1쇄 발행 2021년 1월 11일 | 초판 6쇄 발행 2024년 4월 1일 | 지은이 백영
펴낸곳 ㈜원앤원콘텐츠그룹 | 펴낸이 강현규·정영훈
편집 안정연·최주연 | 디자인 최선희
마케팅 김형진·이선미·정재훈 | 경영지원 최향숙
등록번호 제301-2006-001호 | 등록일자 2013년 5월 24일
주소 04607 서울시 중구 다산로 139 랜더스빌딩 5층 | 전화 (02)2234-7117
팩스 (02)2234-1086 | 홈페이지 www.matebooks.co.kr | 이메일 khg0109@hanmail.net
값 17,000원 | ISBN 979-11-6002-314-5 03320

이 도서의 국립중앙도서관 출판시도서목록(CIP)은 e-CIP홈페이지(http://www.nl.go.kr/ecip)에서
이용하실 수 있습니다.(CIP제어번호 : CIP2020053756)

매수하기 전에 매도 계획을 수립하라.
이 간단한 규칙을 지키면
가련한 개구리처럼 서서히 삶기는 신세를 면할 수 있다.
매수하기 전에 매도 계획을 세우면
수익은 늘어나고, 손실은 줄어들며, 자산 곡선은 위를 향하게 된다.
그런데 왜 이렇게 하는 사람이 드문 것일까?

・ 알렉산더 엘더(현존하는 최고의 트레이더이자 기술적 분석 전문가) ・

주린이를 위한
기술적 분석의 모든 것!

『내 인생의 첫 주식 공부』를 세상에 내놓고 그 뜨거운 관심에 놀랐습니다. 부족하지만 많은 분들이 주식을 배우는 기초 책으로 만족스럽다며 호평해주셔서 나름의 노고를 평가받는 듯해 그저 감사할 따름이었습니다.

주식투자란 결국은 수익을 거둬야 하는 것입니다. 그런 점에서 주식이 무엇인지 기초를 다졌더라도 결론적으로 언제 사서 언제 팔지에 대한 고민이 말끔하게 해결되는 것은 아니었습니다.

그래서 많은 주린이 여러분들의 요청에 따라 매매타이밍을 위한 기술적분석의 기초 책을 준비하게 되었습니다. 일정 수준에 이른 분들을 위한 매매기법의 응용이 아닌 철저하게 초보투자자를 위한 기술적 분석, 즉 차트분석의 기본을 이 책에서 빠짐없이 알려드리고자 합니다.

세상에는 수많은 매매기법들이 있고, 지금도 계속 만들어지고 있을 것입니다. 아무리 많은 기법들이 존재해도 그 안에는 기본적인 원칙들이 있습니다.

여러 기법 중에서 여러분과 호흡이 잘 맞는 방법을 찾아내야 합니다. 부단히 공부하고 실전에서 적용하시다 보면 언젠가 이 정도 서적으로는 턱없이 부족하다고 느껴지는 순간이 올 것입니다. 바로 그때가 비로소 여러분이 전문가 수준에 이르게 되는 때일 것입니다.

아무쪼록 주린이 여러분들의 성공투자를 기원합니다.

백영

1부

기술적 분석이란 무엇인가?

2부

캔들차트 분석, 이렇게 하면 된다

3부

이동평균선 분석, 이렇게 하면 된다

4부

추세분석, 이렇게 하면 된다

01 추세란 무엇인가?

02 추세선의 개념과 분류

03 추세대의 개념과 활용법

04 저항선과 지지선에 대한 이해

5부
모멘텀지표, 이렇게 분석하면 된다

6부

추세지표, 이렇게 분석하면 된다

7부

기타지표, 이렇게 분석하면 된다

07 엔벨로프의 개념과 활용법

08 시장동향지표의 종류와 활용법

투자에 성공한다는 것은 결국 싸게 사서 비싸게 매도하는 것인데, 그 매매타이밍을
효과적으로 선정하는 데 있어 기술적 분석은 매우 유용합니다. 기술적 분석은 다양
한 경험을 가진 전문가보다 매매타이밍을 잡기 힘든 초보투자자에게 더욱 필요할
수 있습니다. 다만 다양한 기술적 분석 기법이 있지만 완벽한 기술적 분석은 없습니
다. 자기에게 맞는 투자기법을 찾기 위해 공부하고 경험해봐야 합니다. 그래서 더욱
기술적 분석의 기본부터 잘 다지기를 권합니다.

1부

기술적
분석이란
무엇인가?

01
기술적 분석의 개념

'기술적 분석'은 주식의 본질적인 가치, 즉 내재가치와는 별도로 주가 그 자체와 거래량 등의 과거 흐름을 분석해 일정한 추세나 패턴을 찾아냅니다. 이런 추세나 패턴을 이용해 미래의 주가를 예측하는 분석방법입니다. 일반적으로 기술적 분석가들은 주가와 거래량의 움직임을 도표화하고 차트를 이용하므로 다른 말로 '차트분석'이라고도 합니다.

기본적 분석의 개념

주가를 분석하는 방법은 크게 기본적 분석과 기술적 분석으로 양분할 수 있습니다. 기본적 분석은 경제상황, 산업과 기업을 다양한 측면에서 분석해 기업의 내재된 가치, 즉 본질가치를 찾습니다.

이렇게 찾은 내재가치를 현재 시장에서 거래되고 있는 시장가치(시장가격)와 비교해서 저렴하다면 저평가로 보고 매수합니다. 만약 내재가치가 시장가격보다 비싸다면 고평가라 보고 매도하는 전략을 펼치게 됩니다.

기본적 분석은 이론적인 측면에서는 완벽합니다. 하지만 현실에 적용하는 데 있어 기본적 분석은 한계가 있습니다.

본질가치

기업이 가진 내재가치를 말하는 것으로 자산가치와 수익가치로 구성됨. 본질가치에 따라 주당 기업의 가치, 즉 주가를 산정하게 됨 내재가치라는 것이 이론적으로는 문제가 없을 수 있지만 하루에도 급변하는 경제·금융·증권시장의 상황을 반영하는 본질가치를 찾는다는 것은 불가능에 가깝습니다. 게다가 그 평가라는 것이 투자자의 시각에 따라서는 매우 주관적일 수 있습니다.

예를 들어 주식투자자는 시장상황을 그야말로 이성적이고 객관적으로만 판단하는 것이 아니라 투자자 개인의 심리적인 영향을 많이 받게 됩니다. 공포와 기대가 어우러진 매매시장에서 본질가치라는 것은 정확히 산정이 어려운 목표가치에 불과할 수 있다는 것이 기술적 분석을 주장하는 분들의 생각입니다.

기술적 분석의 개념

반면에 기술적 분석은 본질가치보다는 매수와 매도 그 자체에 집중하게 됩니다. 즉 주가가 오른다는 것은 '주가가 오를 것이다'라고 믿는 투자자들의 매수가 늘어서이고, 주가가 하락한다는 것은 '주가가 하락할 것이다'라고 판단하는 투자자들의 매도가 늘어났기 때문입니다.

주가는 주식의 수요와 공급에 의해 결정되므로 주가와 거래량의 움직임 등을 도표화하고 과거의 패턴이나 추세를 발견해 주가변동을 예측하는 것입니다. 즉 상승과 하락의 이유가 있을 텐데, 그 이유에 집중하는 것이 아니라 그 결과물인 가격과 거래량에 집중해 매매타이밍을 판단하는 것입니다.

패턴

되풀이되는 형태를 말함. 주가가 오르고 내리는 것을 일정한 형태로 분석하여 주가를 예측하게 됨

기본적 분석 vs. 기술적 분석

기본적 분석과 기술적 분석의 주식투자를 대하는 입장은 극명하게 대조됩니다.

우선 기본적 분석의 입장은 다음과 같습니다.

- 추세가 읽히고 패턴이 반복된다면 누가 돈을 못 벌겠는가?
- 본질적 가치가 변해야 주가는 변하는 것임
- 기업의 본질가치 자체에 주목해야 함

반면에 기술적 분석의 입장은 다음과 같습니다.

- 기업의 본질가치를 정확히 예측한다는 것이 가능한 것인가?
- 주가는 결국 수요와 공급으로 시장에서 결정되는 것임
- 기업의 주가 자체에 주목해야 함

기본적 분석의 한계성

수렴

일정한 값에 한없이 가까워지는 것을 의미함

논리적인 측면에서는 기본적 분석이 더 타당합니다. 또한 장기적으로 주가는 기업의 본질가치에 수렴해간다고 봅니다. 실적이 좋은 기업은 주가가 결국은 오르게 되고, 실적이 나쁜 기업은 언젠가 주가가 하락하게 됩니다.

그렇지만 정보가 부족하고 정보분석 능력이 약한 개인투자자 입장

에서는 기본적 분석이 쉬운 일이 아닙니다. 그리고 주식시장에서 본질가치에 수렴해가는 기간이 매우 오래 걸릴 수 있기 때문에 본질가치만을 믿고 단순히 장기투자하는 것이 꼭 옳은 투자전략이라고 할 수도 없습니다.

해마다 발표되는 기업의 경영성과 순위를 보면 지속적으로 바뀌는 것을 알 수 있습니다. 기본적 분석의 전제가 되는 기업의 영속성이 현실에서는 수긍하기 어려운 측면도 있습니다.

반면에 기술적 분석은 주가와 거래량과 같은 객관화된 데이터를 도표화해 추세와 패턴을 찾아 매매합니다. 물론 주가가 변동한 근본 요인을 무시한 차트만의 분석은 기본적 분석론자 입장에서는 무모하게 느껴질 수는 있습니다. 그러나 현실에서는 마치 관성의 법칙처럼 일정한 추세의 힘이 현존하는 것이 사실입니다.

즉 기술적 분석은 시장의 심리적인 요인들이 포함되어 반영되므로 기본적 분석의 단점을 보완할 수 있습니다. 또한 기술적 분석을 통한 추세와 패턴을 이용해 매수와 매도 타이밍을 잡는 수많은 투자자가 있기 때문에 이러한 기술적 분석이 실제 투자에서도 효용성을 가지게 됩니다.

기술적 분석을 들여다보면 '기울기'라는 것을 통해 시장 힘에 대한 분석을 많이 하게 됩니다. 주가는 매매세력 간 매수/매도 전쟁의 결과물인데, 그 힘의 균형점들의 움직임 모습이 바로 그래프의 기울기로 나타나기 때문입니다. 힘이 가는 방향으로 순응하는 것이 주식투자에서도 좋은 성과를 보일 확률이 높아지기 때문에 기술적 분석은 꼭 필요합니다.

심리적인 요인

주식투자를 하다 보면 심리적인 요인이 매우 많은 영향을 미친다는 것을 알게 됨. 누구나 본인의 투자선택이 옳았다고 믿고 싶어 하지만 현실은 그렇지 않음. 매일 매일 같은 종목을 가지고도 지나친 기대와 지나친 공포가 교차함. 냉철한 의사결정을 하기 위해 부지런히 훈련해야 함

기울기

기울기란 말 그대로 기울어진 정도인데, 주식에서는 그 기울기의 정도와 길이에 따라 오르는 추세와 내리는 추세, 그리고 그 추세의 변화를 판단하게 됨

기본적 분석과 기술적 분석의 결합

기본적 분석과 기술적 분석의 우위성에 대한 해묵은 논쟁은 지금도 계속되고 있지만 결론을 내리는 것은 어렵습니다. 특히 아직 초보투자자라면 어떤 특정 분석방법의 장단점을 명쾌하게 판단하기는 더욱 어렵습니다.

따라서 주식투자의 정석적인 방법은 기본적 분석으로 기업가치 분석을 해 저평가 주식을 찾아 분석하고, 기술적 분석을 통해 매매타이밍을 잡아가는 것이 현실적이면서 유용한 대안입니다.

주식의 가격은 근본적으로 회사의 수익창출 능력에 달려 있기 때문에 기본적 분석이 중요합니다. 그러나 또한 주식의 매매는 심리적인 요인도 매우 큰 영향을 미치게 됩니다. 주가는 오르기만 하는 것도 아니고 내리기만 하는 것도 아니라서 일정한 추세나 패턴을 그리며 움직이게 됩니다. 이 추세를 분석하는 기술적 분석은 그래서 유용합니다.

결론적으로, '종목 선정에 있어서는 기본적 분석을, 매매타이밍 선정에는 기술적 분석을', 이렇게 함께 사용하는 것이 합리적입니다.

수익창출 능력

기업의 영업활동으로 수익을 벌어들이는 능력은 일반적으로 영업이익률로 판단함. 영업이익률이 8% 수준 이상이면 양호한 수익창출 능력을 가지고 있다고 봄

초보투자자 입장에서 기술적 분석의 유용성

초보투자자 입장에서 기술적 분석은 현실적으로도 더욱 필요합니다. 전문가는 여러 방법과 채널을 통해 판단할 수 있지만, 경험이 적고 자금이 적은 초보투자자 입장에서는 매매타이밍을 잡기가 어렵기 때문입니다.

예를 들어 어떤 종목을 추천받아서 샀는데 투자에 익숙하지 않는 초보투자자는 언제 팔아야 하는지 감을 잡기가 어렵습니다. 바로 이 점이 책을 쓰는 가장 큰 이유이기도 합니다.

자본주의를 배우고 투자를 공부하는 데 주식투자만 한 게 없다는 것을 잘 알면서도 정작 투자가 망설여지는 가장 큰 이유는 언제 사고 언제 팔아야 할지 판단하기가 매우 어렵기 때문입니다. 이런 부분에서 기술적 분석, 즉 차트분석은 매우 유용합니다.

자산이 아주 많은 투자자라면 자산배분이론에 맞춰 투자하거나 단순하게 초우량주 장기투자로 묻어두는 투자가 가능하겠지만, 소액을 가진 개미투자자라면 소소하게 수익을 내면서 살아야 하는 경우가 많기 때문에 상대적으로 차트분석이 더 필요합니다. 실무적으로도 재무제표를 통한 이해보다는 차트를 통한 이해가 직관적으로 매우 효과적인 측면이 있다는 점도 의미가 있습니다.

기술적 분석의 주의점

다만 모든 분석의 방법에 완벽이라는 것이 없듯이, 기술적 분석이라는 것도 결코 만병통치약이 될 수 없습니다. 심지어는 차트를 보고 투자하는 사람을 유인하기 위해 소위 말하는 '큰손'이나 '주포'가 일부러 원하는 차트모양을 만들어내기도 합니다.

여러 기술적 방법을 부지런히 공부하고 자신에게 맞는 분석방법을 찾는 것이 중요합니다. 한 가지 더 말씀드리자면, 본인과 잘 맞는 방법이 있더라도 꾸준히 업그레이드를 시켜야 한다는 것입니다.

자산배분이론

기대수익률과 기대위험에 따라 여러 투자자산을 분산하여 투자하는 방법을 다룬 이론임. 3대 자산으로는 주식, 채권, 부동산이 있고 이에 대해 어떤 비율로 배분하는 것이 좋은가에 대해 분석하는 것임

초우량주

우량주를 블루칩이란 표현을 쓰기도 하며 경영성과가 탁월한 회사를 의미함. 초우량주는 그 중에서도 규모가 큰 회사를 뜻하며 실무적으로 해당 업종에서 가장 점유율이 높은 회사를 말함

주포

주식시장에서 주포란 해당 종목의 주가를 움직일 수 있는 힘이 있는 세력을 의미하는 것으로 사용됨. 기관투자자 혹은 외국인투자자가 될 수도 있고, 규모가 있는 개인투자자가 될 수도 있음

한때 독특한 분석방법으로 돈을 벌던 사람도 그 방법을 고집하다가 한순간에 돈을 잃는 경우를 많이 봐왔습니다. 매매는 전쟁이며, 그 누구도 지속적으로 돈을 벌어가도록 내버려두지 않습니다. 시장은 수시로 바뀌고 변하는 만큼 완벽한 방법은 없다는 것을 인정해야 하며, 그러하기에 연구하고 공부하면서 자신의 매매노하우를 개발해가야 합니다.

매매노하우

종목선정에서 매매타이밍을 잡는 것 모두 나름의 매매기술이 있을 것인데 공부하면서 실전 경험을 더해 좀 더 나은 자신만의 매매기법을 세우고 발전시켜 나가는 것이 성공투자로 가는 길임

02
기술적 분석의 기초

기술적 분석, 즉 차트를 분석하는 사람들이 흔히 하는 말이 "차트분석은 종합예술"이라고 합니다. 치열한 매매자 간의 심리가 부딪히고, 확률을 포함한 게임이론도 활용하며, 각종 수학적 기법들까지도 사용합니다. 돈을 향한 탐욕과 공포가 어우러져 한 폭의 차트그림을 만들어내게 되는 것입니다. 그러면 차트예술을 이해하기 위한 기초를 배워봅시다.

기술적 분석의 가정

기술적 분석을 위해서는 다음과 같은 몇 가지 가정을 전제로 합니다.

- 증권의 시장가치는 수요와 공급에 의해서 주가로 결국 결정됨
- 시장의 사소한 변동을 무시한다면, 주가는 추세를 따라 움직이는 경향이 있음
- 추세의 변화는 수요와 공급의 변화에 의해 발생함
- 수요와 공급의 변동은 그 발생이유에 관계없이 시장의 움직임을 나타내는 도표에 의해 추적될 수 있으며, 도표에 나타나는 주가 모형은 반복되는 경향이 있음

주가의 움직임이라는 것은 종국에 가서는 해당 주식의 수요와 공급의 원칙에 의한 결과입니다. 즉 주가가 오른다는 것은 그 주식을 사겠다는 사람이 많아서이고, 주가가 떨어진다는 것은 그 주식을 팔겠다는 사람이 많아서입니다.

심지어는 예측이 어려운 측면, 예를 들어 정치적인 사건이나 천재지변도 확률로 주가에 반영이 된다고 보는 것입니다. 즉 주가가 오르고 떨어지는 원인이 경제적, 정치적, 사회적, 심리적인 여러 요인이 있겠지만, 결국은 이것이 매수와 매도에 반영되어 모두 주가에 반영된다는 것입니다.

기술적 분석에서 추세는 매우 중요합니다. 추세란 쉽게 말하면 주가의 움직임이 관성의 법칙처럼 같은 방향으로 계속 움직이려는 성향이 있다는 것입니다. 주가의 움직임이 추세라는 것을 확인할 수 있다면 해당 추세에 순응해 매매를 하는 경우에 더욱 투자의 성공확률이 높아집니다.

우리가 역사를 공부하는 것은 과거를 잘 알아야 미래도 잘 예측할 수 있기 때문입니다. 역사는 되풀이되고는 합니다. 마찬가지로 주식시장에서도 매매자들의 행동은 어떤 형태의 패턴이 반복되어 나타나는 경향이 있습니다.

이러한 것들은 투자자의 심리와도 밀접한 관계가 있습니다. 사람들이 옷을 입는 스타일을 좀처럼 잘 바꾸지 않는 것처럼 주식투자자는 각자의 매매 스타일을 가지고 있고, 이런 스타일을 바꾸는 것은 쉽지 않습니다.

마찬가지로 이런 수많은 투자자의 매매형태는 차트의 패턴으로 나타나게 됩니다. 역사는 유사한 패턴을 가지고 반복되며, 이런 패턴을 분석하면 예측이 가능해지고 다른 투자자보다 이를 좀 더 빨리 알아낼 수 있다면 수익률을 높일 수 있습니다.

다만 어떤 패턴이건 정형화된 틀에 똑같이 발생하기는 어렵고, 약간씩 변형된 형태로 나타나게 됩니다. 따라서 차트분석도 역시 경험과 노련함이 함께해야 합니다.

기술적 분석의 한계점

기술적 분석은 전제로부터 시작되는 다음과 같은 몇 가지 한계점을 가지고 있습니다.

- 과거의 주가변화 패턴이 미래에 같은 방식으로 나타나지 않는 경우가 많음
- 차트를 보는 사람에 따라 그 분석방법이 다를 수 있기 때문에 검증이 어려움. 예를 들어 패턴의 시작과 끝을 분석가마다 다르게 판단할 수 있음
- 주가의 본질적 가치를 배제하고 수급으로만 설명하면 시장의 변화원인을 정확히 분석할 수 없음

차트는 과거의 주가의 기록이므로 패턴이 형성된 다음에는 찾기가 쉽지만 패턴이 형성되고 있는 동안에 이를 정확히 분석한다는 것은 솔직히 어려운 일입니다. 특히 실전투자의 경험이 적은 초보투자자라면 더욱 그러합니다.

또한 새로운 기술적 분석방법이 매일매일 쏟아져 나오기 때문에 이를 다 고려한다는 것은 현실적으로 불가능에 가깝습니다. 그러므로 초보투자자는 새로운 분석방법을 개발하고 찾는 것보다는 기본기에 충실하고, 그런 이후에 경험과 숙련도로 남보다 조금 먼저 매매신호를 알아낼 수 있도록 부지런히 공부하는 것이 정답입니다.

차트분석이 기본적으로 과거 주가로 만들어지므로 항상 따라다니는 비판이 '과거를 통해 미래를 예측할 수 있는가'입니다. 즉 과거의 자료는 통계의 하나일 뿐 그것이 미래를 보여줄 수는 없다는 것이 기술적 분석 비판론자의 설명입니다.

그런데 우리가 매일 일기예보를 참고하듯이 확률적으로 높은 가능성에 맞추어 예측하는 것이 이성적입니다. 봄에는 봄의 날씨가 있고 여름에는 여름의 날씨가 있듯이 기본적인 틀 속에서 매일 매일의 날씨는 변화하는 것입니다. 따라서 주가의 변동을 유심히 지켜보면 일정한 흐름을 발견할 수 있습니다. 현실에서는 다양한 변화로 나타나더라도 일반적인 범위를 넘어서는 경우가 드물다면 합리적인 투자결정에 도움을 줄 수 있습니다.

기술적 분석의 장점

기술적 분석의 장점은 다음과 같습니다.

- 차트를 통해 미래주가의 변동을 어느 정도 예측할 수 있기 때문에 매매타이밍을 잡는 데 도움이 됨

- 다양한 재무자료를 분석해야 하는 기본적 분석과는 달리 기술적 분석은 이론이 상대적으로 단순하고, 차트를 통해 빠르게 시각적으로 살펴볼 수 있음
- 기술적 분석 상 확률적으로 상황판단에 도움을 받을 수 있어 위험관리에 적절함

초보투자자들이 겪는 어려움의 대부분은 '언제 매수하고, 언제 매도할 것인가'에 대한 원칙을 만들기가 어렵다는 것입니다. 차트분석이 초보투자자에게 중요한 점은 기술적 분석을 통해 매매타이밍을 잡게 해주며, 이런 경험이 쌓이면 자기만의 매매스타일을 가져가는데 큰 도움을 받을 수 있기 때문입니다.

따라서 이 책에서도 차트분석의 응용보다는 기본적인 틀을 전달하는 데 중점을 두고 있습니다. 다양한 기술적 분석을 소개하고 있으니, 그 중에서 본인에게 잘 맞는 분석방법을 숙련해가면서 공부하는 것이 좋겠습니다.

그리고 간과하기 쉬운 것이 바로 위험관리에 관한 부분인데, 초보투자자의 실패의 상당부분이 욕심을 내다가 손실을 보는 경우입니다. 이런 위험을 관리하는 데 있어 차트분석은 의외로 도움이 됩니다. 정보력이 부족한 투자자일수록 리스크 관리가 중요합니다. 기술적 분석이라는 것이 수학적이고 통계적인 기법을 많이 사용합니다. 따라서 차트를 분석하면서 지금의 주가상황이 과거에 비해 매우 이례적인 상황인지를 파악하기가 쉽습니다.

위험관리

자본시장법에서 말하는 위험이란 '원금손실 가능성'을 말함. 즉 투자에는 위험이 따르고 그 위험을 관리하는 것이 투자성공의 핵심이 됨. 투자하지 않으면 원금은 남지만 무리하다가 실패하면 다음을 기약하기가 쉽지 않음

기술적 분석의 활용 – 모나리자 사례

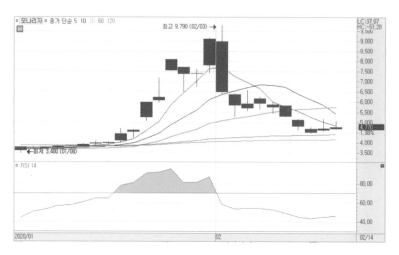

자료 : 키움증권 HTS 화면(이 책의 모든 차트는 키움증권 HTS 화면입니다)

RSI지표를 통해 과열구간을 확인할 수 있습니다. 기술적 분석은 이렇게 매매타이밍을 잡을 때 유용하게 활용할 수 있으며, 변동성 위험도 관리할 수 있습니다.

변동성 위험

위험을 수학적으로는 변동성으로 측정하게 됨. 변동성이 크다는 것은 곧 '위험이 크다'라는 의미. 해당 변동성을 투자의 성공으로 가져오기 위해서 기술적 분석을 잘 활용해야 함

누군가에게 추천을 받고 마스크 관련 종목인 모나리자를 매수했다면, 급등하는 순간에는 기쁘지만 언제 매도할지 결정하기가 쉽지 않습니다. 만약 지나치게 욕심을 부리다 보면 어느새 다시 주가가 제자리로 돌아와버리는 경우가 많기 때문입니다.

이런 경우 RSI를 활용해 과열구간이 붉은색 구간에서는 바짝 긴장하고 지켜보다가 과열구간을 아래로 타고 내려오는 곳에서 매도를 결정한다면 어느 정도 수익을 확보하면서 위험관리도 가능해집니다.

차트분석을 통해 확률적으로 과열구간이라고 판단되면 투자자는 좀 더 보수적인 접근을 해야 합니다. 전문가들이야 여러 정보와 기법을 가지고 매매하지만, 이런 대안이 적은 초보투자자는 수익관리보다 위험관리에 더 신경을 쓰는 것이 좋습니다.

좋은 주식 vs. 좋은 회사

마지막으로 기술적 분석이 좋은 점은 특별히 종목을 가리지 않고 적용할 수 있다는 점입니다. 초보투자자들이 흔히 하는 실수 중 하나는 좋은 주식과 좋은 회사의 개념을 혼용한다는 것입니다.

좋은 회사가 반드시 좋은 주식이 되는 것은 아닙니다. 반대로 재무적으로 나쁜 상황인 회사도 좋은 주식이 될 수 있습니다. 결론은, 돈을 벌어주는 주식이 좋은 주식이 되는 것입니다.

기본적 분석과는 달리 기술적 분석은 '언제 사서 언제 팔지'에 주목하므로 빠르게 여러 주식의 매매타이밍을 잡을 수 있습니다. 다만 초보투자자가 주의해야 하는 것은 재무상황이 좋지 않은 회사의 경우 매매타이밍을 놓치게 되면 손실이 매우 커질 수 있다는 점입니다.

물론 경험이 쌓이면 재무구조가 좋지 않은 회사나 심지어는 관리종목과 같은 회사도 투자할 수 있겠지만 투자경험이 적을수록 재무구조가 탄탄한 회사로 투자를 시작하는 것이 소중한 자산을 지키면서 즐겁게 주식을 투자할 수 있는 비결이라는 점을 명심하기 바랍니다. 특히 초보투자자일수록 말입니다.

관리종목

거래소가 상장폐지 기준에 해당되는 사유가 발생하는 종목에 지정하여 투자자에게는 투자에 유의하도록 알리는 기능을 하며, 기업에게는 일정 기간 정상화를 추진하도록 함

03
기술적 분석의 종류

앞에서 기술적 분석의 개념과 기초에 대해 살펴보았는데 이제 기술적 분석의 여러 종류에 대해서 개괄적으로 살펴보도록 하겠습니다. 차트분석은 크게 추세분석, 패턴분석, 지표분석, 목표치분석 등으로 나눌 수 있습니다. 이 책에서는 추세분석, 패턴분석, 그리고 기본이 되는 지표분석을 위주로 다루도록 하겠습니다.

추세분석

추세분석(Trend Analysis)은 주가의 불규칙해 보이는 움직임들 속에서 추세를 찾는 것입니다. 추세라는 것이 상당기간 동안 주가가 동일한 방향성을 지속하려는 성향이 있다는 특성을 이용한 것이므로, 추세를 이용해 '추세가 어떻게 형성되고 언제 전환 혹은 붕괴되는지'를 분석해 매매합니다.

추세와 함께 자주 사용되는 용어로는 추세선, 추세대, 지지선, 저항선 등이 사용됩니다. 모두 다 필수적이면서 자주 사용되는 용어이므로 잘 기억해야 합니다.

추세를 이용한 전략은 크게 2가지로 구분합니다.

1) 추세순응전략

추세순응전략은 최근의 추세에 맞게 매매하는 전략입니다. 즉 상승추세에서는 매수를 선택하고, 하락추세에서는 매도를 선택합니다. 혹은 상승추세나 하락추세의 전환이 있다면 그에 맞게 매매합니다. 추세순응전략은 일반적으로 많이 사용하며, 특히 초보투자자도 따라하기 쉬운 전략입니다.

2) 역추세순응전략

역추세순응전략은 추세전환을 미리 예측하고 가장 높은 고점에서 매도하거나 반대로 가장 낮은 저점에서 매수하는 전략입니다. 예측이 정확하다면 높은 수익률이 가능하지만 초보투자자가 수행하기에는 위험도 많이 따르는 전략입니다.

역추세순응전략

초보자의 잦은 실수 중 하나는 급락하는 종목이 반등하리라고 보고 매수하는 경우임. 매수하더라도 보통 급락이 충분히 진정되는 것을 확인한 후에 들어가도 늦지 않음. 초보자일수록 상승추세에 순응하는 것이 위험을 줄이고 수익을 늘리는 방법임

패턴분석

패턴분석(Pattern Analysis)은 주가의 추세선이 변화될 때 나타나는 다양한 주가변동 패턴을 정형화해, 실제로 나타나는 주가의 변화가 이런 패턴과 어느 정도 유사한지를 판단해서 주가를 예측하는 방법입니다.

과거의 주가흐름을 통해 확립된 다양한 패턴들이 있습니다. 예를 들어 주가시세의 꼭대기에서 보여지는 유형이 있고, 반대로 주가가 바닥일 때 나오는 모습들도 있습니다. 이런 전형적인 유형을 분석해서 매매에 임하게 됩니다.

패턴의 종류는 다음과 같습니다.

- 반전형 : 해드앤숄더형, 이중(3중)천정 혹은 바닥형, 원형반전형, V패턴 등
- 지속형 : 삼각형, 깃발형, 쇄기형, 직사각형 등
- 갭 : 보통갭, 돌파갭, 급진갭, 소멸갭 등
- 기타 : 확대형, 축소형 등

지표분석

과거의 추세경향이 앞으로도 반복될 가능성이 어느 정도인지 통계적이고 수치적으로 주가의 움직임을 예측하는 방법입니다. 확률적인 분석기법을 쓰기 때문에 지나치게 일반화하면 종목의 특성이나 시장의 특성이 무시될 수 있으므로 잘 살펴보면서 적용해야 합니다.

새로운 저마다의 지표가 등장하면서 차트의 종류가 계속 늘어나고 있습니다. 이를 몇 가지로 크게 분류해보겠습니다. 분류는 전문가마다 약간씩 다르게 분류하기도 하므로, 분류 그 자체보다는 지표가 의미하는 바를 고려해서 분석하면 됩니다.

1) 추세지표

추세지표는 추세가 진행하고 있는 방향을 주로 파악하는 지표입니다. 그 추세도 다음과 같이 분류할 수 있습니다.

- 상승추세 : 주가가 고점 및 저점을 높이면서 상승하는 형태
- 하락추세 : 주가가 저점 및 고점을 낮추면서 하락하는 형태

• 횡보 : 주가가 추세를 갖추지 못하고 등락하거나 옆으로 진행하는 형태

추세지표의 대표적인 것으로는 추세선, 이동평균선, MACD 지표 등이 있습니다.

2) 모멘텀지표

모멘텀지표는 주가추세의 변곡점을 찾아보는 지표를 말합니다. 모멘텀지표의 대표적인 것으로는 스토캐스틱, 이격도, 투자심리선 등이 있습니다.

3) 변동성지표

변동성지표는 주가의 변동성을 확인하는 지표입니다. 주가가 어느 정도 탄력적으로 오르는지 혹은 떨어지는지 탄력성이나 변동폭을 분석하는 지표입니다. 흔히 테마주로 지칭되는 종목의 경우 이 변동성이 큰 경우가 많으므로 단기적인 탄력적 매매를 할 때 유용하게 사용됩니다. 변동성지표의 대표적인 것으로는 볼린저밴드 등이 있습니다.

4) 시장강도지표

시장강도지표는 주가의 추세가 어느 정도 강한지를 파악하는 지표입니다. 일반적으로 거래량과 함께 분석하는 경우가 많습니다. 시장강도지표의 대표적인 것으로는 RSI, VR 등이 있습니다.

횡보

초보투자자는 횡보구간에서 답답함을 느끼지만 고수들은 횡보에서 급등 찬스를 노리게 됨. 큰 급등은 긴 횡보 후 나오는 경우가 많음

5) 기타 여러 지표

기타 여러 지표를 활용할 수 있습니다. 증시에 자금이 어느 정도인지 확인할 수 있는 고객예탁금 추이, 기관 매매동향, 외국인 매매동향, 펀드잔고 추이, 신용거래 추이 등 다양한 지표들이 사용됩니다.

지표를 분석의 대상으로 분류할 수도 있습니다.

- 가격 : 대표적으로 이동평균선
- 거래량 : 대표적으로 VR
- 가격+거래량 : 대표적으로 역시계곡선
- 가격, 거래량 이외 : 대표적으로 MACD, 스토캐스틱, 볼린저밴드, 일목균형표 등

앞서 설명한 지표를 복합해 사용하기도 하고, 일반적인 지표를 본인의 투자스타일에 맞게 변형해 사용하기도 합니다. 차트분석에 정답이라는 것은 없지만, 기본이 되는 기법은 꼭 필요합니다. 이 책에는 일반적으로 많이 사용하고 증권사 HTS화면에서 기본적으로 제시되는 보조지표 위주로 뒤에서 좀 더 자세히 설명해드리도록 하겠습니다.

신용거래

증권회사로부터 돈을 빌려 거래하는 매매행위를 말함. 기대수익이 커지는 만큼 위험도 커지게 됨

캔들차트는 하루하루 매수와 매도세력 간의 밀고 밀리는 전쟁의 기록입니다. 알록
달록한 색깔의 캔들이 모여 주가의 여정을 만들어냅니다. 차트는 산과 계곡이 있는
한 폭의 그림과 같다는 느낌을 받습니다. 그래서 차트를 보고 있노라면 오르는 환희
와 떨어지는 한탄이 어우러진 인생사가 느껴지곤 합니다. 캔들을 분석하면서 오르
내림에 따른 투자자의 기쁨과 슬픔을 느껴보시기 바랍니다. 그리고 그 매수·매도
힘의 균형이 어떻게 변할지 예측해보시기 바랍니다.

2부

캔들차트 분석,
이렇게
하면 된다

01
캔들차트의 기초

기술적 분석은 캔들(봉)에서 시작합니다. 주식투자의 세계에서 기술적인 부분으로 가격을 분석한다고 하는 것은 주가의 그래프나 차트를 분석한다는 말과 같은 것이고, 그 시작은 바로 캔들(봉)에서 출발합니다. 작은 사각형에 시세의 다양한 정보가 담기는데, 봉처럼 생겼다고 해서 봉차트라고 하고, 양초처럼 생겼다고 해서 캔들차트라고도 합니다.

캔들은 '함축된 가격정보'

주가는 하루에도 오르며 내리며 요동을 칩니다. 이렇게 주식의 가격이 변하는 것은 결국은 사려는 사람과 팔려는 사람의 힘이 충돌한 결과입니다. 그래서 작은 캔들 하나에도 다양한 가격정보가 함축되어 있는 것입니다.

하루 동안 주가의 위아래 움직임이 작았다면 캔들의 길이가 짧아지고, 반대로 움직임이 컸다면 큰 캔들이 만들어집니다. 캔들이 클수록 매수세력과 매도세력 간의 힘의 균형이 한쪽으로 더 기울어졌다는 의미입니다. 매수하려는 사람이 급할수록 붉은색 캔들이 많아지고, 주가를 비관적으로 보는 사람이 많을수록 파란색 캔들이 늘게 됩니다.

캔들의 구성

주가의 가장 중요한 정보인 장시작 가격(시가), 장마감 가격(종가), 당일 최고가(고가), 당일 최저가(저가)를 한눈에 볼 수 있어야 하는데, 이 모양이 양초와 비슷하다고 해서 캔들차트라 합니다. 캔들차트는 일본에서 쌀의 가격변동을 예측하기 위한 쌀 가격을 표시하던 분석도구로 활용한 것이 그 유래라고 합니다.

미국의 바차트에는 시가(시초가)가 없는 경우도 있으나 일본식 캔들차트에서 나오는 시가(시초가)를 적용하는 경우도 많습니다. 이 책에서는 일반적으로 사용하는 '시초가를 포함하는 캔들'을 사용합니다.

캔들

일본인 혼마 무네히사가 쌀 가격의 시가, 종가, 고가, 저가를 함께 파악할 수 있는 방법을 찾다가 만든 것으로 양초와 모양이 유사하다하여 캔들이라는 명칭을 쓰게 됨

1) 캔들의 가격

하나의 캔들은 시가, 고가, 저가, 종가를 나타내며 이를 통해 그날의 매도세와 매수세의 움직임을 파악할 수 있습니다.

- 시가 : 장이 시작한 가격
- 종가 : 장이 끝난 가격
- 고가 : 장 거래 중 가장 높은 가격
- 저가 : 장 거래 중 가장 낮은 가격

2) 캔들의 구성

몸통은 시가와 종가로 구성됩니다. 종류로는 양봉과 음봉이 있습니다.

- 양봉 : 시가보다 종가가 올라가는 경우 양봉이라 하고, 붉은색으로 표시함
- 음봉 : 시가보다 종가가 내려가는 경우 음봉이라 하고, 청색으로 표시함

꼬리는 장 거래 중 시가나 종가를 벗어나는 가격을 표시합니다. 종류로는 윗꼬리와 아랫꼬리가 있습니다.

- 윗꼬리 : 양봉이라면 종가보다 높았던 가격이고, 음봉이라면 시가보다 높았던 가격임
- 아랫꼬리 : 양봉이라면 시가보다 낮았던 가격이고, 음봉이라면 종가보다 낮았던 가격임

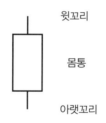

시가와 종가를 비교해 양봉(종가〉시가)과 음봉(시가〉종가)의 몸통을 만듭니다. 양봉은 적색 또는 흰색으로 나타내고, 음봉은 청색 또는 검은색으로 나타냅니다.

위의 그림에서 보듯, 몸통 위의 고가에서부터 몸통까지 이은 선을 윗꼬리라고 합니다. 몸통 아래의 저가에서부터 몸통까지 이은 선을 아랫꼬리라고 합니다.

일정 기간 주가의 움직임을 양봉일 경우와 음봉일 경우 종합하면 다음과 같이 표시됩니다.

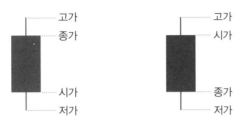

3) 캔들의 기간

캔들이 하루 동안이라면 일봉이라고 하고, 1주일 동안이라면 주봉, 1개월 동안이라면 월봉, 1년 동안이라면 연봉이라고 합니다. 일반적으로 일봉을 가장 많이 사용합니다.

중장기적인 흐름을 보려면 주봉과 월봉을 사용합니다. 초보투자자일수록 단기흐름에 집착하는 경우가 많이 생기는데, 주봉과 월봉을 함께 보는 습관을 들이면 전반적인 시세흐름과 과거의 주가흐름을 파악하는 데 큰 도움이 됩니다.

파생상품 투자자나 당일 현물을 보유하지 않고 매매가 잦은 단기투자자는 투자 호흡이 짧습니다. 그래서 분봉, 시간봉을 사용하기도 합니다.

모양별 캔들차트의 의미 1

작은 양초모양의 캔들에 몸통과 색과 꼬리로 구분된다는 것을 앞에서 배웠습니다. 캔들의 구성요소 각각에도 또 역시 눈물 없이 들을 수 없는 치열했던 매매의 의미를 찾을 수 있습니다. 마치 숨은 그림을 찾아내듯이 캔들이 주는 신호를 찾아보도록 합시다. 캔들차트의 의미를 아는 것은 기술적 분석의 기본 중 기본이므로 잘 알아둘 필요가 있습니다.

장대양봉형, 장대음봉형

장대양봉형   장대음봉형

장대양봉형(적색) 패턴은 장중 시가와 종가의 등락폭이 아주 크며, 강하게 상승하면서 장이 마감된 것이 특징입니다. 그 몸통이 이전 봉의 크기보다 매우 길다는 것을 의미합니다. 또한 상승장에서 나타난 장대양봉은 '강한 매수세로 상승이 조금 더 지속된다'는 의미로 받아

들일 수 있습니다.

　반면 장대음봉형(청색) 패턴은 장대양봉과 마찬가지로 장중 등락폭이 아주 크며, 크게 하락하면서 마감해 몸통이 이전 날들의 봉의 크기보다 매우 길게 나타납니다. 하락장세에서 나타난 장대음봉은 하락지속형으로 작용하게 됩니다. 상승장 중 특히 급상승 후 장대음봉이 나타나면 '이익실현 매물의 본격화'로 해석되어 하락을 예고하는 경우가 많습니다.

밑꼬리양봉형, 윗꼬리음봉형

밑꼬리양봉형　　　　　　　윗꼬리음봉형

　밑꼬리양봉형 패턴은 윗꼬리양봉형과 반대입니다. 종가와 고가가 일치하고 윗꼬리가 없으며, 시가와 저가가 다릅니다. 밑꼬리는 저가에서 활발하게 매수세가 유입되어 상승마감을 했기 때문에 상승장세를 반영하는 상승지속의 가능성으로 작용합니다.

　윗꼬리음봉형 패턴은 밑꼬리음봉형과 반대입니다. 종가와 저가가 일치하고 밑꼬리가 없으며, 시가와 고가가 다릅니다. 윗꼬리는 고가에서 매도세가 물량을 내놓으면서 하락마감했기 때문에 추가하락의 우려로 작용합니다.

주의할 점은 실전에서는 다양한 상황 속에서 판단해야 한다는 것입니다. 예를 들어 윗꼬리음봉의 경우에도 어떤 상황에서 발생했는지에 따라 그 의미가 약간 달라질 수 있습니다.

윗꼬리음봉 _ 펄어비스

캔들에 대한 일반적인 해석이 있습니다. 주의할 점은 같은 캔들이라도 어떤 상황에서 발생한 것인지를 꼭 따져봐야 한다는 것입니다. 추세의 꼭지에서 윗꼬리와 추세의 바닥에서 윗꼬리는 이 차트에서 보듯이 의미하는 바가 많이 다릅니다.

위 사례에서 보면 같은 윗꼬리음봉이지만 주가가 대폭 상승한 후 꼭지에서 나오는 윗꼬리음봉과 대폭 하락한 후 바닥에서 나오는 윗꼬리음봉은 의미가 많이 다릅니다.

즉 상승의 끝자락에서의 윗꼬리 의미는 '이제 투자자들이 물량을 내놓으며 이익을 실현해간다'는 약세로의 반전의미를 가집니다. 반면에 바닥에서의 윗꼬리는 매수세력이 하락을 견디지 못한 투자자의 물량을 받아가고 있어 '조만간 상승할 수 있다'는 의미로 해석할 수 있습니다.

바닥권에서 윗꼬리음봉이 자주 보이는 경우 도식적으로 '윗꼬리음봉은 약세신호다'라고 기억하면 좋은 기회를 놓칠 수 있습니다. 이런 부분은 경험이 생겨야 알 수 있는 부분이니 차근차근 공부하면서 매매하면 됩니다.

십자형(도지형)

| 장족십자형 | 비석십자형 | 잠자리형 | 점십자형 |

십자형(도지형)이란 시가와 종가가 같은 캔들로 매수세력과 매도세력이 팽팽하게 맞서는 형국입니다. 어느 일방이 압도하지 못하는 상황이므로 특별한 이슈가 없이 매수·매도가 활발하지 않는 경우에 발생하기도 합니다. 그런데 주가가 급락한 후 십자형태가 나오면 매도세력의 힘이 떨어지고 있다는 것을 의미하므로 상승반전을 기대해볼 수 있습니다. 반대로 급등한 후에 십자형이 나오게 되면 더 이상 매수세가 힘으로 올려붙이지 못하는 상황, 즉 '매수세의 힘이 부족해진다'는 의미이므로 하락을 대비해야 합니다.

장족십자형 패턴은 몸통이 짧은 것에 비해 윗꼬리와 아랫꼬리가 상대적으로 상당히 길며, 몸통의 위치는 일반적으로 장중 거래 범위 중간에 위치하는 형태를 가진 패턴입니다. 상승과 하락이 불확실한 경우, 즉 매수세와 매도세의 균형이 팽팽한 시장 상황을 반영하는 패턴입니다.

비석십자형 패턴은 종가와 시가와 저가가 모두 일치하고 윗꼬리가 긴 형태를 가진 패턴으로, 시초가 이후 장중에 상승세를 보이다가 종가가 장중의 저가인 시가와 일치하거나 또는 근접해서 마감할 경우 생기는 패턴입니다. 상승추세의 고점에서 발생했을 경우 하락전환 가능성이 높으며, 윗꼬리가 길수록 신뢰성이 높고, 횡보국면이나 하락추세 이후에 발생했다면 상승반전 신호로 작용하기도 합니다. 특히 급락 중에 발생한 비석십자형에서 대량거래가 발생했다면 주가가 반등할 가능성이 크다고 할 수 있습니다.

잠자리형 패턴은 십자형 형태 중의 하나입니다. 시가와 종가와 고가가 일치하는 경우에 형성되는 패턴입니다. 일반적으로 주가전환 시점에서 많이 발생하는 형태이죠. 하락추세의 막바지에 발생하면 상승반전형 패턴으로 작용하며, 상승 중에 있을 경우에는 계속 상승작용을 하게 됩니다. 특히 점상한가로 급등하는 중에 나타난 첫 잠자리형 캔들은 주로 세력들의 물량 확보를 위한 흔들기 가능성이 있으나, 점상한가로 추가상승 후 나타나는 두 번째 잠자리형은 매도의 시작으로 해석하는 경우가 많습니다.

점십자형 패턴은 '시가, 고가, 저가, 종가'의 가격이 모두 일치할 때 발생하는 십자형 패턴입니다. 유동성이 매우 적고, 종가 이외에는 어떤 시세도 성립되지 않습니다. 상한가나 하한가로 거래가 형성된 경우나 거래가 일체 형성되지 않은 경우로, 향후 주가방향 예측이 어려운 패턴입니다.

대량거래

거래량은 주가의 그림자라고 함. 상승 혹은 하락 어느 자리이건 대량거래가 발생하면 주가 변동성이 커질 수 있기 때문에 눈여겨봐야 함

장족십자형 _ 롯데칠성

십자형은 매수세와 매도세가 힘 겨루기를 하다가 비기는 상황입니다. 십자형이 추세의 천장에서 나온다면 '그간의 상승에 대해 이익을 실현하는 매도세가 늘어났다'는 하락전환이 가능하다는 신호입니다.

    위 사례에서 보면 주가가 상승 후 장족십자형이 나타난 모습을 보여주고 있습니다. 상승의 끝자락에서 장대양봉이 몇 번 나오면서 힘차게 시세가 분출하다가 윗꼬리와 아랫꼬리가 길게 달린 십자형태가 나오면서 상승세가 힘에 부쳐가고 있음을 보여줍니다. 윗꼬리가 길수록 하락에 대한 신호가 더 강하다고 할 수 있습니다.

모양별 캔들차트의 의미 2

다양한 이름의 캔들 형태가 있습니다. 캔들마다 특성이 있지만, 주의할 점은 캔들의 모양과 형태도 중요하지만 어떤 상황에서 그 캔들이 나왔는지도 중요하다는 것입니다. 한가지 더 주의할 점은 다양하게 주가의 변동이 나오기 때문에 단 한 번의 캔들 신호로 섣불리 판단하면 안 된다는 것입니다. 특히 초보투자자에게는 더더욱 말이죠.

상승샅바형, 하락샅바형

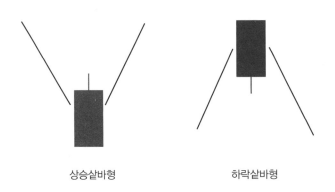

상승샅바형   하락샅바형

　상승샅바형 패턴은 시가가 장중 최저가인 상태입니다. 장중에서 주가가 상승하면서 윗꼬리양봉 형태를 띠는 패턴으로, 하락추세에서 이

패턴이 나타나면 기술적 반등이 예상되며, 몸통의 길이가 길수록 반등 가능성은 더 높아집니다. 지속적인 하락 후 바닥권에서 이 패턴이 발생했다면 단기적으로 매수적 관점에서 접근해야 하지만, 다음날 주가가 하락으로 종료한다면 '추가 매도세력이 아직 남아 있다는 의미'이므로 하락이 좀 더 이어진다고 보면 됩니다.

하락샅바형 패턴은 시가가 장중 최고가인 상태입니다. 장중에 주가가 하락하면서 밑꼬리음봉 형태를 가지는 패턴으로, 상승추세에서 이 패턴이 나타나면 하락이 예상됩니다. 몸통의 길이가 길수록 하락의 가능성이 높아지며, 거래량이 급증한다면 하락의 가능성은 더욱 높아집니다. 긴 상승추세 도중 천장권에서 이 패턴이 발생했다면 매도를 고려해야 합니다. 하지만 다음날 종가가 전일 고점 위에서 형성된다면 '상승추세가 좀 더 진행된다'는 의미로 받아들일 수 있으므로 상황에

하락샅바형 _ 대우건설

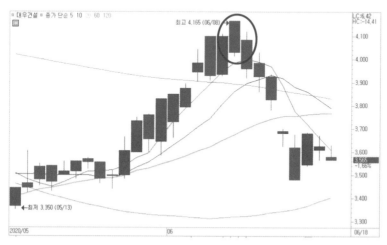

장대음봉으로 만들어진 아랫꼬리 캔들이 상승추세에서 발생하게 되면 주의 깊게 하락반전 여부를 체크해야 합니다. 연이은 음봉이 나타나면 하락반전의 가능성이 높음을 알려줍니다.

맞게 매매에 임해야 합니다.

상승하던 주가가 하락샅바형을 만들고 하락하는 모습입니다. 하락샅바형 이후 추가적인 종가상승이 있다면 기대해볼 수 있으나, 연속적인 음봉이 출현하므로 매도로 대응하는 것이 일단은 안전합니다.

우산형

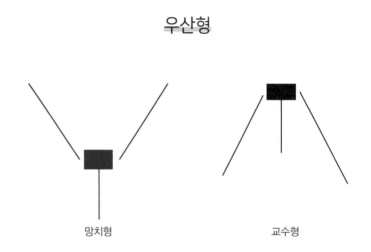

망치형   교수형

우산형 패턴은 몸통의 윗꼬리가 거의 없고 몸통에 비해 매우 긴 꼬리 형태를 가진 패턴입니다. 크게 망치형과 교수형(hanging man) 패턴으로 구분됩니다. 교수형은 상승추세가 형성되어 향후 주가의 하락반전을 암시하며, 망치형은 하락추세 도중에 형성되어 향후 주가의 상승반전을 암시합니다.

이러한 망치형과 교수형을 패턴으로서 볼 수 있으려면 명확한 추세의 형성이 있는 상태에서 이와 같은 패턴이 만들어져야 합니다. 하루이틀의 주가의 움직임만으로 판단하면 성급한 결정이 나오기 쉽습니다.

아울러 거래량도 함께 체크할 필요도 있습니다. 단기적인 급등 후 교수형이 나타났을 경우 거래량을 체크하는 것이 필수이며, 별다른 거래량 없이 교수형이 나왔다면 서둘러 매도할 필요는 없으나, 이전 평균거래량의 2~3배 정도의 대량거래가 수반된 교수형이 나왔다면 바로 매도에 동참하는 것이 좋습니다.

또한 최저 바닥권이라고 인식된 부분에서의 망치형이라고 하더라도 다음날 음봉으로 하락한다면 추가하락이 올 수도 있으므로 주의해야 합니다.

유성형

유성형은 윗꼬리가 길수록 매도 물량이 나왔다는 의미이니 좀 더 조심할 필요가 있음

역전된 망치형, 유성형

역전된 망치형   유성형

역전된 망치형 패턴은 몸통의 밑꼬리가 거의 없고, 윗꼬리가 몸통에 비해 매우 긴 형태를 가진 패턴입니다. 몸통이 작으므로 일봉의 색깔은 그다지 중요하지 않습니다. 다만 하락장세 도중에 이 패턴의 출현은 상승반전 신호로 작용할 수 있다는 점을 생각해야 합니다. 이 패턴과 비슷한 유성형과 구분되는 점은 하락추세에서는 상승반전 작용을, 상승추세에서는 하락반전 신호로 작용한다는 것입니다.

유성형(shooting star) 패턴은 몸통의 밑꼬리가 거의 없고, 윗꼬리가 몸통에 비해 매우 긴 형태를 가진 패턴입니다. 이 역시 일봉의 색깔은 그리 중요하지 않습니다. 다만 상승장세 도중에 이 패턴의 출현은 하락반전 신호로 작용할 수 있다는 점을 알아야 합니다.

특히 단기적인 급등 후 유성형이 나타났을 경우 거래량을 함께 체크하는 것이 필수입니다. 별다른 거래량 없이 유성형이 나왔다면 서둘러 매도할 필요는 없으나, 이전 평균거래량의 2~3배 정도의 대량거래가 수반된 유성형은 소위 말하는 '주포가 물량을 넘기는 상황'이므로 곧바로 매도에 동참하는 것이 안전합니다.

역전된 망치형 _ 잉글우드랩

하락추세가 이어지다가 역전된 망치형이 나오면 추세전환을 살펴봐야 합니다. 추세전환의 신호는 망치형이 좀 더 강하다고 할 수 있지만, 역전된 망치형 이후 강한 양봉을 동반한다면 추세가 상승으로 돌아선다는 의미가 강해집니다.

위의 차트는 하락하던 주가가 역전망치형이 나오고 장대양봉이 출현하는 상승전환의 강한 신호를 보여주는 사례입니다.

역전된 망치형 _ 바른손

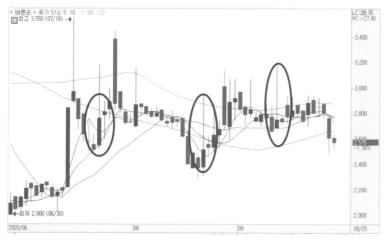

역전된 망치형은 캔들 하나만으로 판단하기에는 조심스럽습니다. 어떤 상황에서 발생했는지, 그리고
이후 어떤 캔들이 이어지는지 함께 판단해야 실수를 줄일 수 있습니다.

    역전된 망치형도 주가가 어떤 상황에서 발생하는지에 따라 다양한
모습으로 보여집니다. 첫 번째 역전된 망치형에서는 단기간 하락 후 상
승으로 전환했으나 그 이후 장대음봉 후 하락했고, 약세가 이어지다가
나온 두 번째 역전된 망치형에서는 미미하지만 좀 더 상승을 누렸습니
다. 그 이후 세 번째 역전된 망치형에서는 주가가 횡보하는 자리에서
발행했고 주가추이에 큰 영향이 없습니다.

    이렇게 실전에서는 캔들이 다양한 모습으로 나타납니다. 그러므로
단순히 아는 캔들이 나왔다고 해서 확신을 가지는 것은 매우 위험합
니다. 충분한 하락 후 혹은 충분한 상승 후 보여지는 캔들들이 더욱 신
뢰도가 높습니다. 하나의 캔들을 보고 판단하기보다는 몇 개의 캔들을
함께 살펴봐야 합니다.

04
2개의 캔들차트

작은 캔들 하나에도 수많은 정보를 담고 있다는 것을 알 수 있습니다. 다만 하나의 캔들만으로는 확신을 가지기에는 어려운 점도 많습니다. 그렇기 때문에 2개 이상의 캔들을 분석하면 좀 더 정확한 판단을 할 수 있습니다. 다만 주식시장의 수많은 경쟁자들이 함께 두 눈을 부릅뜨고 보고 있다는 점을 결코 잊어서는 안 됩니다. 경험을 쌓아 남보다 조금 더 먼저 차트를 읽어내는 것을 훈련해야 합니다.

상승장악형, 하락장악형

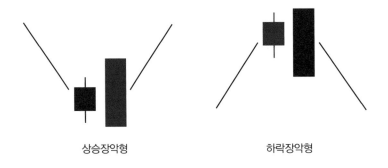

상승장악형   하락장악형

상승장악형 패턴은 위의 왼쪽 그림에서 보듯이 서로 다른 색깔을 갖는 일봉입니다. 최종일의 일봉은 양봉이고, 전날의 일봉은 음봉으

로, 나중에 나타난 일봉(양봉)의 몸통이 전날 일봉(음봉)의 몸통을 완전히 감싸는 형태입니다.

하락추세 지속 이후 상승장악형 패턴의 출현은 향후 상승전환을 예상해볼 수 있습니다. 이런 패턴은 상승전환 작용을 하게 되며, 명확한 하락추세 이후 발생했다면 좀 더 적극적으로 매수에 임할 필요가 있습니다. 하락을 휘감는 양봉의 힘이 관통형이나 상승반격형보다 상승에 대한 신뢰도가 높은 패턴이기 때문입니다.

상승장악형 _ 우리금융지주

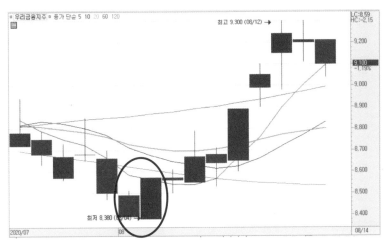

상승장악형은 말 그대로 음봉이 나온 다음날 더 큰 양봉이 감싸며 장악하는 모습을 보입니다. 양봉이 클수록 신뢰가 높아집니다. 주식투자를 하다 보면 전날의 음봉을 후려치는 장대양봉이 출현하는 경우 참 기분이 좋아지게 됩니다.

하락장악형 패턴은 최종 일봉의 몸통이 전날 몸통을 감싸는 형태를 취하며 형성된 패턴으로, 서로 상반된 색깔을 갖는 캔들로 구성됩니다. 상승추세 중 발생한 하락장악형 패턴은 향후 하락전환을 예상할 수 있습니다. 상승추세의 정점 근처에서 이 패턴이 발생했다면 매도를 고려하는 것이 합리적입니다. 물론 최종결정은 캔들차트만 보기보다는 추세확인과 보조지표의 하락 확인 등을 함께 고려해야 실수를 줄일 수 있습니다.

관통형, 먹구름형

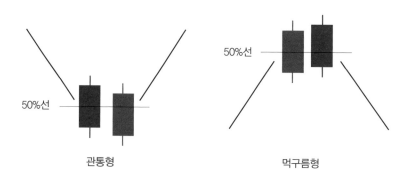

관통형 패턴은 최근 캔들이 긴 양봉이며, 전날 캔들 역시 긴 음봉의 형태를 띠고 있습니다. 최근 일봉의 시가가 전날 봉의 저가 아래에서 형성되고, 종가는 전날 고가를 상향하지 않고 근접한 수준에서 형성됩니다.

관통형 패턴에서 최종일 일봉의 종가가 전날 봉의 고가에 많이 접근할수록 상승반전 가능성은 더욱 높아지며, 매수를 고려해야 합니다. 다만 종가가 전날 캔들몸통의 50% 이상을 상향하지 못하고 이 패턴이 완성되었다면 매수를 유보하고 이후의 상황을 좀 더 지켜보는 것이 좋습니다.

먹구름형 패턴은 최종일의 캔들이 긴 몸통을 가진 음봉이며, 전날 캔들이 긴 몸통의 양봉으로서 최종일 캔들의 시가는 전날 캔들의 고가 위에서 형성됩니다. 종가는 전날 일봉 캔들의 저가 근처에서 형성됩니다. 이때 저가에 접근하면 할수록 하락반전 가능성의 신뢰도는 더욱 높아지며, 상승추세 정상권에서 이 패턴의 발생은 중요한 하락반전 신호로 매도에 임하는 것이 좋습니다. 이때 최종일의 종가가 전날 일봉 몸통의 50% 이상을 하락하지 않은 경우에는 매도를 보류하는 것이 바람직합니다.

먹구름형 _ 톱텍

먹구름형은 전일의 양봉 중간 아래에서 마무리되는데, 당일 음봉이 긴 형태일 때입니다. 추세의 전환신호로 강한 편은 아니나, 추세의 고가권에서 형성되면 보수적으로 접근하라는 신호입니다.

위 사례는 약한 형태의 먹구름형입니다. 강하게 상승을 이어갈 듯 하다가 전일 일봉 캔들의 절반 아래서 마감했습니다. 언제든지 매도할 수 있도록 준비해야 합니다. 이후 추가적인 음봉 캔들이 나오면 매도로 대응하는 것이 좋습니다.

상승반격형, 하락반격형

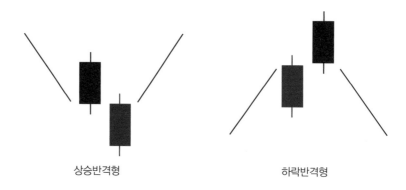

상승반격형   하락반격형

    상승반격형 패턴은 서로 상반된 색깔을 갖는 캔들의 종가가 같은 경우입니다. 최종일 일봉은 양봉이고, 전날 일봉은 음봉입니다. 각각의 캔들은 긴 몸통을 가지고 있는 형태의 패턴으로, 하락추세에서 발생한 이 패턴은 향후 상승반전 작용을 하게 됩니다.

    다음날 주가상승으로 직전의 종가보다 높은 수준에서 새로운 종가가 형성되면, 상승반전 가능성의 신뢰도는 더욱 높아집니다. 이 패턴과 같이 상승반전 작용을 암시하는 관통형보다는 신뢰성이 낮습니다.

    하락반격형 패턴은 서로 상반된 색깔을 갖는 캔들의 종가가 같은 경우입니다. 최종일 일봉은 음봉이고, 전날 일봉은 양봉입니다. 각각의 캔들은 긴 몸통을 가지는 형태의 패턴으로, 상승추세에서 발생한 이 패턴은 향후 하락반격 작용을 하게 됩니다.

    다음날 주가하락으로 직전의 종가보다 낮은 수준에서 새로운 종가가 형성되면 하락반전 가능성의 신뢰도는 더욱 높아집니다. 이 패턴과 같이 하락반전 작용을 암시하는 먹구름형 패턴보다는 신뢰성이 낮습니다.

상승잉태형, 하락잉태형, 십자잉태형

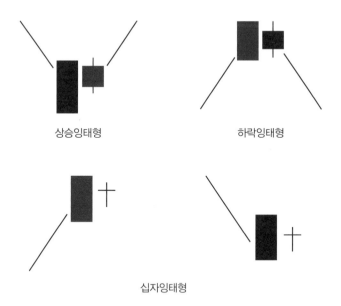

상승잉태형

하락잉태형

십자잉태형

상승잉태형 패턴은 전날 캔들이 최근일 캔들을 감싸는 형태의 패턴입니다. 이 패턴은 하락추세 이후 상승반전 작용을 할 수 있다는 점을 내포하고 있습니다. 하락추세 중 전날의 캔들이 음봉임에도 갭 상승으로 양봉을 만들었다면 향후 추세전환을 예상해볼 수 있으며, 최근일 봉의 몸통과 그림자가 짧을수록 반전 가능성은 더욱 높아진다고 할 수 있습니다.

하락잉태형 패턴은 전날 캔들이 최종일 봉을 감싸는 형태의 패턴입니다. 이 패턴은 상승추세 이후 하락반전 작용을 할 수 있습니다. 상승추세 중 전날의 캔들이 양봉임에도 갭 하락으로 음봉을 만들었다면 향후 추세전환을 예상해볼 수 있으며, 최근일 캔들의 몸통과 꼬리가 짧을수록 반전 가능성은 더욱 높아진다고 할 수 있습니다.

십자잉태형은 최종일의 캔들이 십자형 형태를 취하고 있고, 전날의 캔들은 최종일 일봉을 감싸는 형태입니다. 상승추세에서 발생했다면 양봉 후 십자형이 형성되어야, 하락추세에서 발생했다면 음봉 후 십자형이 형성되어야 반전 패턴으로 볼 수 있습니다.

십자잉태형 _ GKL

십자형은 시세가 횡보하는 경우에도 종종 발생합니다. 천장권에서 나오면 하락전환을 의미하는 신호로, 바닥권에서 나오면 상승전환을 의미하는 신호로 해석됩니다. 물론 추후의 캔들과 함께 파악해야 실수를 줄일 수 있습니다.

위 사례에서 상승 후 십자형에서 하락으로 반전하고 다시 하락 후 십자형이 나오고 점진적으로 상승하는 모습을 볼 수 있습니다. 십자형이 매수와 매도세의 힘의 균형을 의미하므로 상승추세에서는 '상승세가 힘이 부친다'는 의미로 해석되고, 반대로 하락추세에서는 '하락세가 어느 정도 정리되어간다'는 의미로 해석할 수 있습니다.

적삼병, 흑삼병

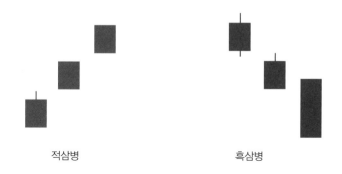

적삼병   흑삼병

적삼병은 3개의 캔들이 모두 양봉으로 연속해서 나타나면서 형성되는 패턴입니다. 하락추세 이후 저가권에서 발생했다면 향후 추세상승을 예고해주며 주가가 꾸준하게 상승하는 경우입니다. 꼬리가 거의 없을수록 시장이 강하게 상승세로 반전되었음을 보여주는 패턴으로, 지속형 패턴으로도 작용하게 됩니다.

흑삼병은 3개의 캔들이 모두 음봉이 연속해서 나타나면서 형성된 패턴입니다. 각 일봉의 시가는 직전 음봉 몸통 내에서 형성되며, 각 음봉은 저가에 근접해 종가를 형성하는 형태의 패턴입니다. 주가가 꾸준하게 하락하는 시장 상황을 보여주는 패턴입니다. 각 음봉의 꼬리가 거의 없을수록 시장이 강하게 하락세로 반전되었음을 보여주는 경우이므로 이 패턴은 하락지속형으로 작용하는 패턴입니다.

적삼병이나 흑삼병 모두, 두 형태의 출현으로 5일 이동평균선 혹은 10일 이동평균선을 돌파하거나 무너진다면 이 경우엔 더욱 신뢰도가 높아집니다.

적삼병 _ 미원상사

양봉이 연이어 발생한다는 것 자체가 시세의 힘이 좋다는 의미입니다. 하락하는 추세에서 적삼병이 나오고 20일 이동평균선 기울기가 상향으로 방향을 바꾸면 상승추세가 시작된다는 강한 신호가 됩니다.

위 사례에서 보면 꼬리가 별로 없는 양봉이 연속적으로 출현하고 있습니다. 적삼병의 출현으로 10일 이동평균선을 강하게 돌파하면서 반등했고, 세 번째 캔들은 20일 이동평균선에서 밀리지 않고 윗꼬리 없이 양봉을 만들어냈습니다. 그만큼 매수의 힘이 느껴지는 부분입니다. 이후 상당한 상승을 보여줍니다.

05
갭의 개념과 종류

갭은 틈과 같은 공간적 간격을 의미합니다. 주가에서는 상승이라면 전일의 주가보다 상당수준 올라서 시작해 전일 캔들과 당일 캔들 간에 틈이 생기는 것을 말합니다. 물론 하락인 경우에는 반대로 전일의 주가보다 상당수준 더 낮게 시작하는 것을 말합니다. 즉 주가가 일정수준 급등 혹은 급락해 차트에 빈 공간이 생기는데 이는 주가의 가속 혹은 반전을 의미하는 신호가 됩니다.

갭의 개념

갭(GAP)은 전일의 주가에 비해 3%에서 5% 정도, 혹은 그 이상의 차이를 두고 당일 주가가 형성되는 것을 말합니다. 갭이 생성되는 이유는 상승의 경우에는 매수세가 매우 강하다는 의미이고, 하락의 경우에는 매도세가 매우 강하다는 의미입니다.

따라서 갭이 생기면 주가가 큰 변화의 시작일 수 있다는 신호가 될 수 있습니다. 바로 이것이 투자자들이 갭을 각별히 주목하는 이유입니다.

갭을 만들기 위해서는 강한 매수세와 강한 매도세가 있어야 합니다. 따라서 상당한 자금과 물량이 가능한 이른바 '세력'이 갭을 주도하게 됩니다. 주가를 리드하는 세력이 갭을 만드는 것은 '주가의 방향성을

갭

갭이 발생하는 것은 상승일 때는 급하게 물량을 확보하는 경우이고, 하락일 때는 급하게 물량을 처분해야 한다는 의미임. 갭이 이어질 때는 추세적인 방향을 잡아가겠다는 의미이고 변동성이 매우 클 수 있다는 신호임. 다만 급등이나 급락은 반작용을 부르게 되므로 시세 움직임을 면밀히 체크하면서 대응해야 함

잡겠다'는 의미입니다.

갭 상승이 나오면 소심한 투자자들은 쉽게 급등을 따라가지 못합니다. 하지만 갭이 메꿔지면(갭이 나온 수준으로 주가가 떨어지면) 그간 매수하지 못하고 기다리던 매수세가 동참하고, 갭 상승을 추격했던 투자자는 물타기에 들어갑니다. 이렇게 되면 갭 상승이 나온 가격대에서 매수세가 들어오며 지지선을 형성하는 경우가 많습니다.

반대로 갭 하락의 경우에는 저항선 역할을 하게 됩니다.

시가의 위치에 따른 갭의 의미

시가의 위치에 따라 갭의 의미는 달라지므로 잘 알아둬야 합니다.

1) 갭 상승

전일 종가보다(일반적으로 3~5% 정도) 높게 가격이 형성되는 것을 의미하며, 당일 동시호가부터 강한 매수세를 의미합니다. 특히 전고점에서 뚫고 갭 상승이 나온다면 단기적으로 관심대상이 됩니다.

2) 갭 하락

전일 종가보다(일반적으로 3~5% 정도) 낮게 가격이 형성되는 것을 의미하며, 당일 동시호가부터 강한 매도세가 존재한다는 것을 알 수 있습니다. 갭 하락이라는 뜻은 전일 매도를 하지 못한 투자자들이 시초가부터 강한 매도세를 보이는 것으로, 이 매도물량을 잠재울 만한 호재가 없다는 뜻입니다. 즉 어느 정도 투자 손실을 각오해야 할 상황이라고 볼 수 있습니다.

하지만 갭 하락 후 양봉으로 전환될 때 일시적인 반등이 올 수 있습니다. 예를 들어 손절매나 반대매매에 의한 갭 하락을 이겨내고 장중에 양봉을 만드는 경우가 있을 수 있습니다.

아무튼 갭 하락 자체로도 하락을 가속화할 수 있기 때문에 투자자들을 당혹스럽게 만들게 됩니다.

3) 보합세

전일 종가보다 1~2% 내외로 가격이 형성되는 것을 의미하며, 당일 동시호가에서는 별다른 이슈가 없어 '눈치 보기 주가'가 형성된다는 것을 의미합니다. 큰 매도나 매수의 주체가 없어서 거래량이 적을 때도 나타나는 것이 일반적인 현상입니다.

갭의 4가지 종류

갭의 종류는 다음과 같이 크게 4가지로 나눌 수 있습니다.

1) 보통갭

보통갭은 일반적으로 주가의 큰 흐름의 변화가 없는 상황에서 발생하는 갭입니다. 보통갭이 발생하더라도 신고가나 신저가가 생기는 경우가 아닙니다. 그러므로 보통갭은 바로 메꿔지는 경우가 많습니다. 거래량도 크게 변화가 없는 경우가 많기 때문에 갭 분석에서 큰 비중을 차지하지 않습니다.

2) 돌파갭

돌파갭은 주가가 횡보하거나 밀집한 구간에서 돌파를 보이는 것으로, 시세의 변화를 의미하는 갭입니다. 기래량도 늘어나며, 돌파갭이 발생하고 추세를 타게 되면 신고가나 신저가를 형성하는 경우가 많기 때문에 투자자 입장에서는 돌파갭을 찾는 것이 중요합니다.

상승추세를 이끌 돌파갭이라면 갭이 메꿔지지 않고 상승해 갭 하부가 저항선 기능을 하게 됩니다. 만약 돌파갭이 바로 메꿔지면 돌파갭의 기능을 상실했다고 판단해야 합니다.

3) 진행갭

진행갭은 돌파갭이 발생한 후 추세방향으로 움직이면서 중간에 급등이나 급락을 부르는 갭입니다. 돌파갭과 진행방향이 같아야 하며, 급등이나 급락에 따른 기술적 되돌림이 있더라도 갭은 메꿔지지 않아야 합니다. 만약 갭이 바로 메꿔진다면 추세가 꺾이는 것을 암시하는 '소모갭'이 될 확률이 높습니다.

4) 소모갭

소모갭은 신고가나 신저가를 달성하지 못하고 메워지는 갭으로, 추세의 마무리 단계에서 발생하게 됩니다. 소모갭이 발생하면 추세가 전환된다는 신호로 보고 대응해야 합니다.

5) 아일랜드갭(섬꼴반전)

아일랜드갭은 추세의 끝에서 섬처럼 동떨어진 모습을 보이게 되는데서 유래한 이름입니다. 예를 들어 상승추세였다면 상승 끝에서 마지막 슈팅이 나오고 하락반전하게 됩니다. 이때 산꼭대기의 모습처럼 뽀족하게 보입니다. 당연히 매도로 대응해야 합니다.

갭의 진행상황 – 바른손

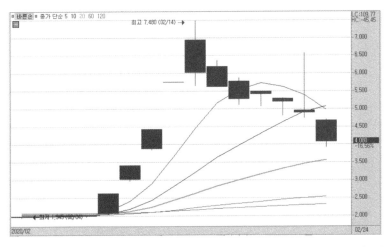

양봉이 갭으로 이어지며 상승한다는 것은 상승의 힘이 매우 강하다는 의미입니다. 이런 경우 추세가 꺾이는 것을 보고 매도해야 상승추세에서의 충분한 이익을 확보할 수 있습니다.

위 사례는 갭의 진행상황을 짧은 시기에 보여주고 있습니다. 횡보하던 주가가 강한 상승 후 돌파갭이 나오게 됩니다. 이후 진행갭이 발생하고 정점의 턱 밑에서 상한가 이후 소모갭이 발생하고, 결국 숨 가쁘게 달리던 주가는 정점에서 큰 음봉을 만들면서 하락으로 반전됩니다. 주가가 장기에 걸쳐 갭들이 발생하면 추세가 더 유지되는 경향이 있습니다.

반드시 갭이 형성되지 않더라도 힘이 있는 장대양봉은 갭과 비슷한 형태를 보이는 경우가 많습니다.

상승추세의 끝자락에서 긴윗꼬리 – 한진칼

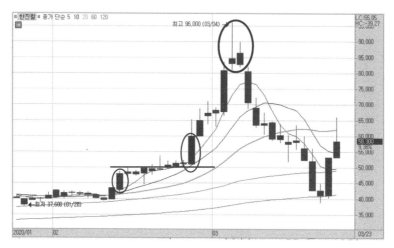

상승추세의 끝자락에서 긴윗꼬리는 이익을 실현하는 매도세가 나온다는, 즉 주의를 요한다는 신호입니다. 이후 음봉으로 이어지면 매도를 실행하는 것이 현명합니다.

돌파갭과 유사하게 횡보하던 주가가 이전에 볼 수 없었던 큰 양봉을 만들면서 주가가 20일 이동평균선 위로 이격을 키우며 상승합니다. 이후 상승분이 메워지지 않고 지지를 받다가 진행갭처럼 장대양봉을 만들고 본격적인 상승을 이어갑니다. 이후 정점의 근처에서 가장 큰 양봉을 만들고 나서는 정점에서 외롭게 떠 있는 아일랜드 갭을 만들고 하락반전하게 됩니다. 정점에서는 윗꼬리가 길게 달리거나 장대음봉이 발생하는 경우가 많습니다.

상승을 이어가다가 장대음봉이나 윗꼬리가 길게 달린다는 것은 그동안 매수했던 세력이 이익 실현을 위해 물량을 내놓고 있다는 신호입니다. 그러므로 투자자는 언제라도 매도할 수 있도록 준비해야 하고, 긴장을 늦추면 안 됩니다.

다른 투자자보다 먼저 상승의 흐름을 읽는 것이 투자성공의 확률을 높이는 지름길입니다. 따라서 횡보하던 주가가 돌파갭이나 돌파갭의 역할을 하는 장대양봉을 만드는 것을 항상 눈여겨봐야 합니다. 횡보하던 주가가 갭을 만들고 갭이 메꿔지지 않고 20일 이동평균선과 이격을 추가로 형성한다면 강한 상승이 나올 수 있는 자리입니다.

평균을 낸다는 것은 어느 정도에 있는지를 한눈에 파악하기 위함입니다. 그 평균의 이동을 기록하면 매매세력 간 힘의 균형이 어떻게 움직이는지를 한눈에 파악할 수 있습니다. 이동평균은 기간에 따라 단기, 중기, 장기로 구분하게 됩니다. 이런 단기 와 중기 혹은 장기 이동평균선이 서로 교차하면서 매매에 중요한 아이디어를 제공 합니다. 이동평균선의 기울기를 유심히 분석하면 매매시점을 잡기에 용이합니다. 차 트분석을 모르더라도 증권사에서 기본적으로 제공하는 차트에 이동평균선이 표시 됩니다. 기본 중에서도 기본이라 할 수 있는 이동평균선에 대해 배워보도록 하겠습 니다.

3부

이동평균선 분석,
이렇게
하면 된다

01
이동평균선의 개념 및 종류

이동평균선은 모든 기술적 지표에서 가장 널리 이용되는 기본인 지표입니다. '평균'이라는 말에서도 알 수 있듯이 주가의 움직임을 평균화해 주가의 움직임 속에서 일정한 추세를 읽고자 하는 방법입니다. 단기에서 장기까지 다양한 이동평균선이 있으며, 여러분이 사용하는 매매프로그램에도 기본으로 표시되므로 매우 손쉽게 활용할 수 있습니다.

주가이동평균의 개념

이동평균

이동평균이란 평균을 앞날로 이동하면서 연속적으로 평균을 내는 것임. 말로 설명하는 것보다 다음 페이지의 평균을 내는 계산을 보면 오히려 쉽게 이해가 됨

주가이동평균은 평균주가를 산출해 선으로 표시한 것입니다. 어떤 일정 기간 동안에 이루어진 주가의 연속적인 변동과정에서 짧은 기간 시장의 일시적인 영향 혹은 조작이 가능한 비정상적인 변동의 영향을 줄여서 파악하는 방법입니다. 즉 전체 주가의 흐름을 평준화한 상태로 유도해 주가의 흐름을 객관적으로 관찰할 수 있도록 도표 상에 선으로 옮겨놓은 것입니다.

이동평균값 도출 방법은 다음과 같습니다. '평균'이라는 말에서도 알 수 있듯이 정해진 기간 동안의 주가를 평균하게 됩니다.

단순이동평균 도출 사례

영업일	1	2	3	4	5	6
주가	100	110	120	130	140	150
5일 이동평균					120	130

위 표의 주가추이로 5영업일과 6영업일의 5일 단순이동평균을 계산해보겠습니다.

- 5영업일째의 5일 단순이동평균=(100 + 110 + 120 + 130 + 140) / 5 = 120
- 6영업일째의 5일 단순이동평균=(110 + 120 + 130 + 140 + 150) / 5 = 130

5일 이동평균 값을 위와 같이 어렵지 않게 구할 수 있습니다. 다른 기간도 마찬가지의 방법을 적용합니다.

주가평균가격의 의미

평균값을 구하는 것은 쉽지만, 주가평균가격의 의미를 2가지 더 이해할 필요가 있습니다.

1) 해당 기간 투자자의 평균 보유가격

이 표의 예를 들어 5일 이동평균가격이 120원이라면 당일 종가인 140원에 비해 20원이 높으므로 투자자마다 다를 수 있지만 평균적으로 매수자는 이익을 보고 있다는 것을 알 수 있습니다.

평균가격과 해당일 종가의 차가 클수록 좁혀지려는 압력을 받을 수 있습니다. 즉 주가가 많이 오르면 차익실현을 위한 매물압력이 높아질 수 있습니다. 반대로 주가가 평균가격보다 낮다면 매수하려는 투자자가 늘 수 있습니다. 물론 각 상황에 따라 다양한 매매가 발생하지만 일반론을 이야기하는 것입니다.

2) 이동평균값의 후행성

이동평균값을 구하는 식에서도 알 수 있지만 과거의 값을 가지고 도출하기 때문에 태생적으로 후행성을 가지게 됩니다. 과거의 주가를 가지고 미래의 주가이동 방향을 분석하므로 미래의 새로운 주가방향을 분석하는 데 제약이 있을 수 있다는 것입니다. 주가는 하루에도 예측이 어려울 정도로 요동을 치는 경우가 많으니 당연합니다.

다만 추세의 신뢰성은 장기로 갈수록 높아집니다. 장기평균은 곧 오랜 기간 투자한 투자자의 주가에 대한 합의이기도 하기 때문에 추세가 쉽게 바뀌지 않는 것도 여러 사례로 확인할 수 있습니다.

예를 들어 수학 성적이 1월에는 70점, 2월에는 75점, 3월에는 78점을 기록했습니다. 그렇다면 4월에는 80점 정도를 예상해볼 수 있을까요? 성적이 오를수록 그 오르는 정도를 체감할 수 있을까요? 이렇게 성적도 오르는 추세와 패턴이 있듯이 주가도 유사합니다. 그런데 주식에서는 추세가 더욱 중요합니다. 주가는 곧 돈이기 때문입니다.

이동평균 기간

이동평균의 값은 2가지 요소로 결정됩니다. 즉 가격과 시간, 즉 평균 가격과 평균을 내는 시간으로 결정됩니다.

기간은 5일, 10일, 20일, 60일, 120일, 200일 등으로 구분되며 투자자에 따라 기준기간을 변경해 적용할 수 있습니다. 예를 들어 가격 변동성이 매우 큰 선물·옵션과 같은 파생상품이나 당일 주식현물 잔고를 가져가지 않고 매도를 하는 단기투자자는 초나 분, 시간을 사용하는 경우도 많습니다.

기간에 따라 120일, 200일 이동평균선은 장기추세를 나타냅니다. 20일, 60일 이동평균선은 중기추세를 나타내고, 5일, 10일 이동평균선은 단기추세를 나타냅니다.

이동평균선의 종류 및 특징

이동평균선은 추세의 변화를 압축(평균)해서 보여줍니다. 그러므로 추세의 변화는 이동평균의 변화를 살펴보는 것으로 쉽게 파악할 수 있습니다.

다만 이동평균선을 단기로 설정해 구하게 되면 시장가격의 움직임에 민감해져서 추세의 변화를 빨리 파악할 수 있으나 그 예측의 정확도는 반대로 낮아지게 됩니다. 이와는 달리 이동평균선을 장기로 설정해 구하게 되면 시장가격의 움직임에 둔감해져서 추세의 전환을 파악하는 시기는 늦어질 수 있으나 그 예측의 정확도는 상대적으로 높아지게 됩니다.

기간별 이동평균선의 특징을 자세히 살펴보도록 하죠.

1) 5일, 10일 이동평균선 : 단기매매선

5일은 영업일(월요일부터 금요일) 기준으로 1주간의 매매 평균가격을 구할 수 있습니다. 단기매매선이라고 부르며, 단기추세 파악에 가장 적합합니다. 현재의 주가수준에 가장 밀접하게 움직이므로 5일 이동평균선의 기울기로 단기흐름을 파악하기 좋습니다.

아울러 이동평균선과 현재 주가의 비교, 다른 장기 이동평균선과의 관계로 추세를 분석하게 됩니다. 예를 들어 주가가 강세인 경우 5일 이동평균선은 10일 이동평균선을 하향돌파하지 않고 10일 이동평균선 위에서 움직입니다. 반대로 주가가 약세인 경우에는 5일 이동평균선은

5일, 10일 이동평균선 _ 에이치엘비생명과학

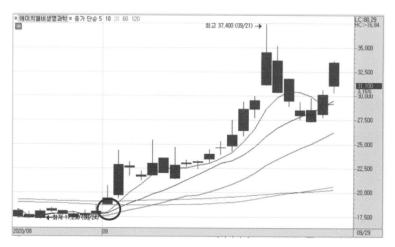

상승추세에 들어가면 이동평균선은 단기가 먼저 달리고 이어 중기, 장기이동평균선이 뒤를 따라가게 됩니다. 이른바 정배열 상태로 가는 것입니다. 정배열로 추세가 형성되면 상당기간 유지되는 경향이 있으므로 정배열 상태가 엉키지 않는다면 보유하는 것이 좋습니다.

10일 이동평균선을 상향돌파하지 못하고 아래에서 움직이게 됩니다.

상승추세에 들어가면서부터 5일 이동평균선은 10일 이동평균선 위에서 움직이며 상승하는 모습을 볼 수 있습니다. 물론 이런 흐름은 다른 단기와 장기 이동평균선에서도 공통적으로 적용됩니다.

2) 20일 이동평균선 : 중기매매선=심리선=생명선

20일 영업일 기준으로 대략 1개월간의 매매 평균가격을 구할 수 있습니다. 이를 중기매매선이라 부르고, 심리선이라고도 부릅니다.

기술적 분석을 하는 사람들 사이에서 더 유명한 이름은 생명선입니다. 그만큼 중요한 의미를 가진다는 의미입니다. 상승추세로 보자면, 상승추세가 살아 있다고 할 때 20일 이동평균선을 지지선으로 그 위에서 주가가 움직이는가로 판단하는 경우가 많습니다. 그래서 심리선

20일 이동평균선 _ LG화학

단기 이동평균선이 20일 이동평균선을 터치할 때 초보투자자는 매도로 대응해야 하는지 고심이 됩니다. 기계적인 대응도 필요하지만 시장상황을 보면서 매매하는 것도 중요합니다. 단기간 이동평균선이 교차하는 것은 기다려보는 것도 좋습니다.

혹은 생명선이라고 부르는 것입니다.

20일 이동평균선의 기울기를 현 주가 흐름의 방향을 나타내는 추세로 보기 때문에 이 기울기가 상승방향인지 혹은 하락방향인지에 따라 매매전략을 선택하게 됩니다. 일반적으로 상승방향에서 매수전략을 펼치고, 하락방향에서는 매도전략 및 관망전략을 펼치는 경우가 많습니다.

제가 개인적으로 참 좋아하는 회사인 LG화학은 배터리 사업전망이 밝아 시세가 크게 분출했는데 차트를 보면 상승추세의 전형적인 모습입니다. 단기 이동평균선이 20일 이동평균선을 타고 지속적으로 오르는 모습입니다.

여기에서 한 가지 더 꼭 확인할 것이 있습니다. 위 사례에서 두 번에 걸쳐 20일 이동평균선을 접하게 되는데, 이때 초보투자자는 많은 고민이 됩니다. 생명선을 깨뜨린 것은 아닌지, 그래서 바로 매도해야 하는 것인지 말이죠.

이때 20일 이동평균선의 기울기를 참고해야 합니다. 기울기가 우상향으로 방향을 잡았다면 조금 기다리는 여유도 필요합니다. 3일에서 5일 정도의 기간으로 -3~-5% 하락 정도는 기다려 볼 수 있습니다.

아울러 회사의 재무구조가 탄탄하고 우량주라면 좀 더 여유를 가질 수도 있습니다. 그래서 기술적 분석 초보자라면 자신감이 붙을 때까지 우량주 위주로 매매하는 것도 필요합니다. 혹시 매매에 실수가 있더라도 좋은 회사는 기다리면 기회를 주는 경우가 많기 때문입니다.

업종의 주도주나 재무구조가 좋은 종목은 확실하게 20일 이동평균선을 하향이탈할 때 매도하는 것이 더 좋은 전략이 될 수 있습니다. 결론적으로 20일 이동평균선은 여러모로 중요한 이동평균선입니다.

주도주

업종이나 테마 중에서 주가를 이끌어 가는 주식을 말함. 예를 들어 제약업종이 좋은 흐름을 보일 때 가장 먼저 그리고 힘있게 주가가 상승하는 제약회사가 바로 주도주임

3) 60일 이동평균선 : 중기적 추세선=수급선

3개월간의 평균 매매가격으로 중기적 추세선이며 수급선이라고 부릅니다. 주가라는 것이 무난하게 오르고 꾸준히 내리고 하는 것이 아니라 부지런히 요동을 치는데, 60일 이동평균선은 중기적인 추세를 보여줍니다.

60일 이동평균선의 방향은 주식의 수급영향이 가장 큰데, 이것이 바로 수급선이라고 부르는 이유입니다. 즉 해당 종목에 자금이 들어오는지 빠져나가는지에 대한 지표가 됩니다.

60일 이동평균선 하락 _ CJ제일제당

60일 이동평균선이 저항선 역할을 하고 있습니다. 초보투자자들 입장에서는 '이렇게 우량한 회사의 주가가 이렇게 밀릴 수 있을까?'라고 생각하며 매수하기 쉽습니다. 그래서 기술적 분석을 통해 추세전환을 확인하고 매수하는 것이 좋습니다.

제가 개인적으로 가장 좋아하는 만두를 만드는 회사인 CJ제일제당은 위 차트에서 보듯이 60일 이동평균선의 하락 기울기를 극복하지 못하고 상당기간 하락을 합니다. 간혹 20일 이동평균선을 뚫고 올라오기는 하지만 성급히 매수하는 것이 조심스럽다는 것은 20일 이동평균선의 기울기가 아직은 자리를 잡지 않았기 때문입니다.

이 차트 끝자락을 보면 5일 이동평균선이 20일 이동평균선을 돌파하고 올라오는데, 이를 골든크로스라고 합니다. 바닥권에서 나타나는 단기 골든크로스는 낙폭 과대에 따른 일시적인 상승일 수 있으므로 조심스럽게 살펴봐야 합니다.

좀 더 보수적인 투자자라면 본격적인 상승을 확일할 수 있는 60일 이동평균선 돌파까지 확인하고 매수에 가담해야 합니다. 그래서 시세의 연속성을 나타내기 때문에 수급선이라고 부르나봅니다.

골든크로스

단기이동평균선이 장기이동평균선을 상향 돌파하는 것을 골든크로스라고 함. 이동평균선이 겹치는 것을 기술적 분석에서는 매우 중요하게 생각함

60일 이동평균선 상승 _ CJ제일제당

이번에는 앞서 살펴본 차트와는 반대되는 상황입니다. 20일 이동평균선이 60일 이동평균선을 상향돌파하고 이동평균선이 정배열로 들어서면서 상당기간 주가는 추세적인 상승을 합니다.

'좋은 회사는 기회를 준다'는 점에서도 CJ제일제당의 하락 후 차트를 가져와봤습니다. 20일 이동평균선이 60일 이동평균선을 돌파하고 나서는 60일 이동평균선의 기울기가 우상향 방향으로 나타나면서 상

당한 상승을 보여줍니다. 보수적인 투자자일수록 장기 이동평균선을
활용한 매매를 하는 것이 본인 스타일에 맞다고 할 수 있습니다.

4) 120일, 200일 이동평균선 : 장기적 추세선=경기선

6개월간의 평균 매매가격으로, 장기적 추세선의 대표이며 흔히 경
기선이라고 부릅니다. 거시경제학에서 일반적으로 주가는 경기에 6개
월 정도 선행한다고 하는데, 이런 경기의 흐름을 반영하는 것이 바로
120일 이동평균선입니다. 그래서 경기선이라 합니다.

여러 지표 및 경기 흐름이 중장기적으로 오르는 방향인지 혹은 하
락세인지를 판단하는 1차적 신호가 바로 120일 이동평균선의 돌파 여
부입니다. 또한 120일 이동평균선의 기울기와 함께 분석하면 경기전
망이 좀 더 정확해집니다.

거시경제학

한 나라의 소비·투자·
저축 등의 합계로 국민
소득의 결정을 분석하
는 경제학. 경제가 성
장을 해야 주가도 탄
력을 받기 때문에 전
반적인 시황을 가늠할
때 거시경제의 흐름을
분석하는 것은 중요함.
주가는 경기에 선행하
는 대표지표이며 금리
는 경기에 후행하는 대
표지표임

120일 이동평균선 _ 포스코

120일 이동평균선과 200일 이동평균선은 경기의 흐름을 반영하기 때문에 경기선이라고 합니다. 제아
무리 좋은 기업도 산업 자체가 어려우면 타격을 받을 수밖에 없습니다. 다만 좋은 기업은 업황이 좋아
지면 가장 잘 상승할 수 있습니다.

다만 실탄과 시간이 넉넉하지 않은 개미투자자가 120일 이동평균선을 고려해 투자하기에는 현실적으로 어려운 측면이 있긴 합니다. 하지만 장기적인 노후자금, 연금과 같은 자금을 운영할 때는 의미가 있을 것입니다.

포스코라는 회사가 좋은 회사라는 점을 부인하는 투자자는 별로 없을 것입니다. 아무리 좋은 회사도 경기가 나빠지면 좋은 경영성과를 기록하는 것은 어렵습니다. 경기를 이기는 주식투자도 역시 어렵습니다. 물론 중간 중간 반등이 나오면서 단기적으로 투자수익을 낼 수는 있겠지만 확률적으로 경기가 좋을 때 투자하는 것이 성공 가능성이 더 높습니다.

120일 이동평균선이 아래로 방향을 잡고 있다면 투자에 보수적으로 접근하면 좋겠습니다. 다만 2020년 하반기부터는 120일 이동평균선 기울기가 하락을 멈추고 횡보하고 있습니다.

좋은 회사이니 언젠가 다시 좋은 기회를 주리라 믿습니다. 다만 오래 기다려야 할 수 있다는 점, 이 점이 초보 주린이에게는 어려운 조건이지만, 장기로 자금을 운용하는 경우라면 120일 이동평균선이 돌아서는 것을 고려해 투자하면 좋겠습니다.

02
이동평균선의 특징 및 분석

이동평균선은 단기, 중기, 장기로 구분합니다. 그 스스로가 지지선 역할을 하기도 하고, 반대로 저항선 역할을 하기도 합니다. 또한 이동평균선은 해당기간 투자자의 평균값이므로 현재 주가와의 차이에 따라 주가의 하락 압력을 받을 수 있습니다. 이렇게 이동평균선을 분석하는 것만으로도 훌륭한 매매전략을 세울 수 있습니다.

이동평균선의 특징

이동평균선으로 주가를 분석할 경우, 다음과 같은 기본적 성질을 이용해 투자에 참고하게 됩니다.

1) 강세장 vs. 약세장

강세장에서는 주가가 이동평균선 위에서 파동운동을 계속하면서 상승하는 것이 보통입니다. 약세장에서는 주가가 이동평균선 아래에서 파동운동을 계속하면서 하락하는 것이 보통입니다.

파동

물리적인 측면에서 파동이란 진동이 시간의 흐름에 따라 주위로 멀리 퍼져나가는 현상을 말함. 주식에서 파동이란 주가가 상하로 진동하면서 움직이는 것을 말하고 그 움직이는 정도를 수학적으로 변동성으로 측정함. 그 변동성의 정도를 위험으로 인식함. 우리가 흔히 대형주에 비해 소형주가 더 위험하다고 하는 것은 주가 움직임의 폭이 소형주가 더 크다는 의미와 같은 것임

2) 상향돌파 vs. 하향돌파

주가가 상승하고 있는 이동평균선을 상향돌파할 때는 조만간 반전해서 상승할 가능성이 큽니다(매수신호). 주가가 하락하고 있는 이동평균선을 하향 돌파할 때는 조만간 반전해서 하락할 가능성이 큽니다(매도신호).

3) 이동평균선의 유연성

이동평균의 기준기간이 짧을수록 이동평균선은 변화가 많습니다. 이동평균의 기준기간이 길수록 이동평균선은 부드러워지고 유연해집니다.

4) 회귀성

주가가 이동평균선으로부터 너무 멀리 떨어져 있을 때는 이동평균선에 근접해지는 회귀변화가 일어납니다.

5) 주추세의 반전

주가가 장기 이동평균선을 돌파할 때는 주추세의 반전을 기대할 수 있습니다.

회귀

제자리로 돌아오는 것을 회귀라고 하는데 기술적 분석에서도 회귀현상은 주요 분석 대상임. 과거 주가흐름과는 다른 급등이나 급락이 발생하면 다시 평균으로 돌아오려는 속성이 있음. 이런 특성을 분석하고 매매를 하는 것임

주가의 방향성과 이동평균선

주가의 방향성이 상승세인지 하락세인지를 판단하는 방법으로 이동평균선을 흔히 사용합니다. 즉 이동평균선의 기울기와 순서로 주가

의 방향성을 판단하게 됩니다. 당연히 이동평균선의 기울기가 우상향인 경우 상승세로 판단하며, 장기 이동평균선일수록 신뢰도는 높습니다. 반대로 이동평균선의 기울기가 우하향인 경우 하락세로 판단하며, 장기 이동평균선일수록 역시 신뢰도는 높습니다.

주가가 하락세에서 상승세로 전환할 경우에는 먼저 단기 이동평균선부터 상승하고, 이어서 중기 이동평균선이 상승하고, 마지막으로 장기 이동평균선이 상승하게 됩니다. 반대로 주가가 상승세에서 하락세로 전환할 경우에는 먼저 단기 이동평균선부터 하락하고, 이어서 중기 이동평균선이 상승하고, 마지막으로 장기 이동평균선이 하락하게 됩니다.

이동평균선의 정배열과 역배열

주가가 하락세에서 상승세로 전환해 상승추세의 모양을 갖추면 위로부터 '현재 주가, 단기 이동평균선, 중기 이동평균선, 장기 이동평균선'의 순서를 이루는데, 이를 정배열 상태라고 합니다. 그리고 주가의 하락추세에서는 맨 위부터 '장기 이동평균선, 중기 이동평균선, 단기 이동평균선, 현재 주가'의 순서를 이루는데, 이를 역배열 상태라고 합니다.

다음 페이지의 차트에서 보듯 상승방향인 경우 단기 이동평균선이 먼저 달리고, 추후 중기 이동평균선과 장기 이동평균선이 따라옵니다. 이렇게 이동평균선이 '현재 주가, 단기 이동평균선, 중기 이동평균선, 장기 이동평균선'의 정배열 순서를 완성하게 되면 상당기간 힘있게

정배열과 역배열

정배열이 좋고 역배열이 나쁘다라는 도식적인 판단은 금물. 물론 초보자 입장에서는 주가의 정배열 상황이 매매하기 좋지만 역배열이 끝나는 것을 예측할 수 있다면 매우 큰 수익을 볼 수도 있기 때문임

정배열과 역배열 _ 루트로닉

이동평균선은 기간에 따라 단기 이동평균선의 움직임이 가장 빠르기 때문에 주가가 하락추세에 들어가면 단기 이동평균선이 가장 먼저 아래로 움직이고 난 후에 차례로 장기 이동평균선이 떨어지는 역배열 상태가 됩니다.

상승하는 경우가 많습니다. 그러다가 주가가 하락 반전하게 되면 이동평균선들이 얽히게 되고, 하락추세가 깊어지면 결국 역배열 상황으로 바뀌게 됩니다.

지지와 저항의 역할을 하는 이동평균선

주가가 상승할 경우 단기 이동평균선, 중기 이동평균선, 장기 이동평균선을 지지선으로 상승하게 됩니다. 반대로 주가가 하락할 경우 단기 이동평균선, 중기 이동평균선, 장기 이동평균선을 차례로 이탈하게 됩니다.

예를 들어 20일 이동평균선이 10,000원이라면 20일 동안의 평균 매매단가가 10,000원이라는 것을 의미합니다. 즉 현재 주가가 10,000원 이하로 하락할 경우 그 동안의 매수자들은 평균적으로 손실을 입게 되므로 이 가격을 지키려 노력하게 되고 여기에 지지선이 형성됩니다. 하락하던 주가가 반등해서 10,000원에 접근하면 투자원금 수준에서 매도하려는 세력이 나타나므로 반대로 저항선이 형성됩니다.

지지와 저항 _ 기아차

정배열 상태에서 상승의 정점에 이르면 이동평균선이 서로 꼬이게 됩니다. 상승할 때는 좀 더 장기인 이동평균선이 지지역할을 하나, 하락으로 전환하면 반대로 저항역할을 하게 되는 경우가 많습니다.

　위 차트에서 보면 20일 이동평균선이 상승기간에는 든든한 지지를 해주지만 5일 이동평균선이 20일 이동평균선을 하향 돌파한 이후에는 상승을 억제하는 저지선 역할을 합니다. 지지선과 저항선이 하나의 선이지만 상황에 따라 역할이 달라지는데, 이는 다음에 나오는 크로스와 연결이 됩니다.

골든크로스와 데드크로스

일상생활에서도 자주 쓰이는 단어일 정도로 크로스 분석은 자주 사용됩니다. 단기 이동평균선이 장기 이동평균선을 상향돌파할 경우를 골든크로스라고 해서 매수신호로 보고, 단기 이동평균선이 장기 이동평균선을 하향돌파할 경우를 데드크로스라고 해서 매도신호로 보는데, 실질적인 추세의 전환과는 시차가 존재합니다.

골든크로스와 데드크로스 _ 기아차

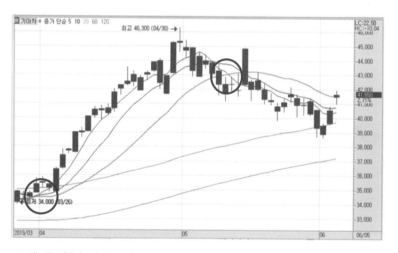

크로스는 두 이동평균선이 교차하는 것입니다. 단기 이동평균선이 장기 이동평균선을 상향돌파하는 것을 골든크로스라고 하고, 반대의 경우를 데드크로스라고 합니다.

위의 차트에서 골든크로스가 왼쪽 원에서 나타나는데 이때 매수합니다. 그리고 오른쪽 원에서 데드크로스가 보여질 때 매도로 대응합니다.

사실 차트에서야 이미 과거의 주가를 가지고 표시하기 때문에 선명하게 눈에 들어오지만, 실전에서는 쉽게 선택하기 어려울 수 있습니다. 더군다나 초보에게는 더욱 어려운 일입니다. 게다가 현실에서는 골든크로스가 발생한 후 주가가 밀리는 경우가 종종 발생합니다. 그래서 단순히 골든크로스가 발생했다고 성급히 매수하기보다는 거래량과 매수의 힘을 함께 보는 것이 정확도를 높이는 길입니다.

골든크로스가 대량거래를 수반하면서 큰 양봉이 나올 때, 반대로 데드크로스도 대량거래를 수반하면서 큰 음봉이 나올 때 신뢰도가 높아지게 됩니다.

이동평균선 간의 밀집도와 추세전환

단기, 중기, 장기 이동평균선이 어느 정도 모여 있는지 혹은 흩어져 있는지를 파악하는 방법입니다. 보통 이동평균선이 멀어질수록 기존의 추세가 유지되고, 반대로 이동평균선이 모일수록 추세가 전환될 가능성이 높습니다.

특히 바닥권에서 장기적으로 횡보하다가 이동평균선이 밀집하는 경우 상승으로 전환될 때 힘있게 상승하는 경우들이 있습니다. 반대로 주가가 힘있게 상승하다가 이동평균선이 모이게 되면 하락추세로 전환되는지 유심히 살펴야 합니다.

이동평균선이 밀집했다는 것은 매수세력과 매도세력이 오랜 기간 균형을 이루고 있어 위로 혹은 아래로 움직일 확률이 높다는 의미이고, 멀어졌던 이동평균선이 다시 모인다는 것은 한쪽으로 쏠렸던 힘이 균형을 찾아간다는 의미이니 추세가 바뀔 수 있다는 신호가 됩니다.

이동평균선의 밀집과 상승 _ 보해양조

이동평균선들이 밀집해 있다는 것은 주가가 추세적으로 방향을 정하지 못했다는 것입니다. 이동평균선들이 상당기간 밀집해 있다가 단기 이동평균선부터 강한 상승을 하면서 오르면 정배열로 진행되는 경우가 많습니다.

위 차트에서도 상당기간 변화 없이 바닥에서 횡보해 이동평균선이 밀집되어 있다가 강한 상승으로 이동평균선 간의 간격이 벌어지는 것을 확인할 수 있습니다. 그리고 상승이 마무리되면 다시 단기 이동평균선부터 만나기 시작합니다. 이런 때는 하락전환을 염두에 두고 매매에 나서야 합니다.

한 가지 더 주의할 점은 장기간 횡보 후 하락하는 경우에는 하락이 크게 나오는 경우도 있다는 것입니다. 횡보하는 동안 위나 아래로 움직일 힘을 모은 것이지요.

03
이동평균선과 거래량 분석

거래량도 주가 이동평균선과 유사한 움직임을 보이는 경우가 많습니다. 보통 거래가 많다는 것은 시장이 활발한 경우가 많기 때문입니다. 이는 일반적인 시장에서도 비슷하게 적용됩니다. 부동산시장에서도 매매가 활발할 때 부동산 가격이 오르는 경우가 많습니다. 즉 주가 이동평균선과 거래량도 같은 추세를 보이는데, 주가 이동평균선과 함께 거래량도 함께 살피면 매매 정확도가 높아집니다.

주가와 거래량의 관계

거래량은 주가의 선행지표라고 하며 "주가는 거래량의 그림자이다"라는 증시 격언이 있습니다. 거래량 그래프는 일반적으로 별도의 설정 없이 막대그림으로 차트의 아래에 보여집니다.

대부분의 시장에서 그러하듯 가격이 오르는 상품은 거래가 활발합니다. 반면에 인기가 없는 상품은 가격도 시들하고, 거래도 부진하기 마련입니다. 가격이 지지부진한데 거래량이 늘어나는 것은, 저렴한 가격이라고 판단한 투자자가 물량을 확보한다는 의미일 확률이 높습니다. 그래서 거래량은 주가의 시그널이 되는 밀접한 관계가 있는 것이지요.

주가와 거래량의 관계 _ 한올바이오파마

주가와 거래량은 밀접한 관계를 가지고 있습니다. 주가가 상승할 때 거래량이 늘어나고, 주가가 하락할 때 거래량이 줄어드는 것이 일반적입니다.

위 차트에서 볼 수 있듯 거래량이 줄어드는 추세에서는 주가가 하락하고, 거래량이 증가하는 추세에서는 주가가 상승하는 것을 확인할 수 있습니다. 주가상승 시기에 거래량이 늘어나는 것은 주가가 오를 때는 상승에 동참하려는 매수자와 상승차익을 실현하려는 매도자 간에 거래가 활성화되기 때문입니다.

거래량이 주가의 추세와 반대로 움직인다면 어떻게 해석해야 할까요? 이는 주가의 추세가 반전될 수 있다는 신호로 해석합니다.

주가와 거래량, 그 상관관계의 기본원칙

다음의 원칙들을 잘 적용하면 거래량의 증감에 따라 주가의 천장과 바닥권을 찾는 데 많은 도움이 됩니다.

- 거래량이 감소추세에서 증가추세로 전환되면 주가는 상승할 것 으로 예상함

- 거래량이 증가추세에서 감소추세로 전환되면 주가는 하락할 것 으로 예상함

- 주가가 천정국면에 진입하면 주가가 상승하더라도 거래량은 감 소하는 경향을 보임

- 주가가 바닥국면에 진입하면 주가가 하락하더라도 거래량은 증 가하는 경향을 보임

거래량의 증감과 주가 _ 포스코엠텍

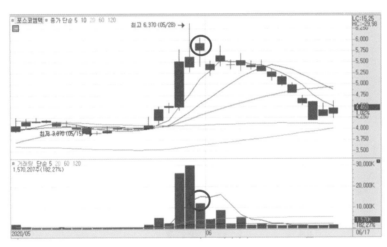

주가가 일시적으로 급등하는 경우 대량거래를 수반하게 됩니다. 이후 주가의 상승세가 약화되면 거래 량이 급속히 줄어드는 경우가 많습니다. 주가가 음봉을 보여주면서 윗꼬리를 자주 달게 되면 하락을 염두에 두고 매매하는 것이 좋습니다.

위 차트를 보면 잠잠하던 주가가 거래량이 폭증하며 급등했고, 천장 근처에서는 종가가 상승했으나 거래량이 급감하게 됩니다. 이후 거래 량과 함께 주가도 하락하는 모습을 보여줍니다.

갑자기 상승을 하며 대량거래가 형성된다면 일시적으로 하락할 가능성이 있으므로 초보자는 주가의 추이를 수시로 체크하면서 조심스럽게 접근하는 것이 바람직하다고 할 수 있습니다.

급등 후 거래량이 줄면서 가격이 버티면 재급등하는 경우도 있긴 합니다. 하지만 이를 판별하기란 결코 쉬운 것이 아닙니다.

거래량으로 살피는 추세의 전환

주가가 하락하고 있으나 거래량이 늘어나는 것은 추세가 바뀔 수 있다는 신호로 해석할 수 있습니다. 특히 아래 차트에서 보듯이 주가가 저점을 형성한 날에 아랫꼬리를 길게 달고 물량을 잡아먹는 모습은

추세의 전환 _ 한국수출포장

주가가 하락하는 추세의 바닥에서 주가의 하락과는 반대로 거래량이 늘어나는 경우에는 '저가 매수세가 유입되고 있다'는 의미이므로, 주가상승을 염두에 두고 매매할 필요가 있습니다. 특히 주가의 바닥권에서 아랫꼬리가 자주 나오면 신뢰도가 더 높아집니다.

시세의 상승전환에 대한 확신을 가질 수 있게 합니다.

주가 그 자체가 가장 중요하겠지만 주가변동의 한편에는 거래량이 있습니다. 오른다고 보고 사려는 사람과 내린다고 보고 팔려는 사람의 치열한 눈치싸움의 결과물이 바로 거래량으로 나타나게 됩니다. 그래서 거래의 흔적, 즉 거래량을 분석하는 것은 기술적 분석에서 매우 중요합니다.

단기와 중기 이동평균선의 교차

Q 이동평균선의 분석은 차트분석의 기초 중의 기초입니다.
다음 일봉차트를 보고 매수시기와 매도시기를 찾아보세요.

정답 및 해설

매수 : 5일 이동평균선이 20일 이동평균선을 상향돌파할 때
매도 : 20일 이동평균선이 5일 이동평균선을 하향돌파할 때

골든크로스에 매수하고 데드크로스에 매도하는 것은 가장 기본적인 매매전략
입니다.

Q 다음 일봉(단기)과 월봉(장기)차트를 보고 현재 시점에서
여러분은 매수하겠습니까? 매도하겠습니까?

정답 및 해설

다음 일봉으로 보면 단기에 급등하여 초보투자자라면 보유분은 유지할 수 있으나 추가적인 매수는 어려운 선택이 될 것으로 보입니다. 그런데 월봉으로 보시면 5월 이동평균선이 20월 이동평균선을 상향돌파하고 있습니다. 장기적으로 본다면 매수로 대응할 수 있는 자리입니다.

즉 단기로 보는 것과 장기로 보는 것은 차이가 있을 수 있으며 항상 장기와 단기 이동평균을 함께 살펴보는 것이 좀 더 올바른 선택을 할 수 있습니다.

추세는 힘이 한 방향으로 나가는 성질을 말합니다. 세상에 중력이 있고 관성이 있는 것과 같은 이치입니다. 추세를 거스르는 매매는 성공하기 힘듭니다. 다만 인생사가 그렇듯 오르면 떨어지는 날이 오고, 떨어질 것만 같더니 다시 오르는 날이 오게 됩니다. 마찬가지로 추세도 때가 되면 반전을 하게 됩니다. 저항과 지지도 동전의 양면과 같습니다. 지지선이 무너지면 저항선의 역할을 하고, 저항선을 뚫게 되면 지지선의 역할을 합니다. 성공투자를 위해 추세에 편승하는 매매를 하되, 추세의 변곡이 오는 것을 잘 파악해야 합니다.

4부

추세분석,
이렇게
하면 된다

01
추세란 무엇인가?

사람은 본능적으로 변화를 싫어하는 경향이 있습니다. 사회심리학자 에리히 프롬이 왜 '자유로부터의 도피'를 이야기했을까요? 인간의 깊은 내면에는 외로움에 대한 두려움이 뿌리 깊게 자리 잡고 있기 때문입니다. 주가도 어울려 다니는 것을 알 수 있습니다. 사람이 매매하기 때문이겠죠. 그것을 추세라고 부르는데, 추세를 알고 매매하면 성공확률이 높아집니다.

추세의 개념

추세

불규칙적이고 우연적인 변동에도 일정한 기간에 걸쳐 지속하는 기본적인 흐름을 말함. 경기변동에도 추세가 있고 주가의 변동에도 추세가 있음

추세란 주가가 일정 기간 같은 방향으로 움직이는 성질을 말합니다. 주식을 투자하다 보면 주가가 어떤 일정한 방향으로 움직이려는 행태를 가지고 있다는 것을 알 수 있습니다. 오르는 주가는 더 오르려 하고, 내리던 주가는 더 내려가는 습성입니다.

이런 부분은 주식시장에 참여하는 투자자의 심리가 반영된 것입니다. 오르면 한없이 오를 것 같고, 떨어지면 두려움에 빨리 팔고 싶어지기 때문입니다. 그래서 투자전문가들은 "주식시장을 심리싸움"이라고 말하기도 합니다.

추세매매의 개념

추세가 있다면 투자자 입장에서는 아주 간단하고 중요한 투자원칙을 발견할 수 있는데, 그것은 바로 추세에 동승하는 것입니다. 즉 오르는 추세에는 사고, 내리는 추세에서는 매도하는 것입니다. 좀 더 환상적으로 이야기하자면 상승추세 초입에 매수하고, 하락추세 초입에 매도하는 것입니다.

그런데 이것이 쉬운 일은 아닙니다. 주식시장은 생물과 같아서 추세가 유지되는 듯하다가 어느 순간에 추세가 바뀌고, 추세가 멈출 듯하다가 다시 달리기도 하기 때문입니다.

추세와 관련한 초보투자자의 실수

오히려 초보투자자들은 추세를 잘 활용하지 못하는 경우가 많습니다. 오르는 추세에는 주가가 비싸다고 생각하고 매수를 망설이게 됩니다. 그러다가 주가가 대폭 상승하게 되면 매수하지 못했던 것에 대해 아쉬움을 삼킵니다. 이후 추세가 꺾여 하락하면 그제야 주가가 적정수준이라고 판단해 미루던 매수를 실천하지만, 아쉽게도 주가는 하락추세로 밀려 내려갑니다.

이렇게 매수해서 손절매를 정확히 하지 않으면 원치 않는 비자발적 장기투자자가 됩니다. 그렇게 주식계좌에는 마이너스 상태의 종목들이 계속 쌓이고, 투자자금이 제한적인 투자자는 추가로 포트폴리오 재구성을 하지 못한 채 "주식은 절대 할 게 아니다"라며 포기하는 경우

손실을 줄이면서 이익을 지키는 가장 좋은 방법은 하락추세의 초입에서 매도하는 것임. 주식투자 고수들은 잘 사는 것보다 잘 매도하는 것이 더욱 중요하다고 하는데, 기술적 분석을 열심히 공부하면 큰 손실을 막는 즉 위험을 줄이는 데 큰 도움을 받을 수 있음

가 생깁니다.

주가가 하락추세로 접어들어 주가가 하락하면 초보투자자는 주가가 매우 저렴하다고 느껴서 매수에 참여합니다. 반면에 투자전문가는 이렇게 하락추세에 매입을 하는 것이 아니라 오히려 상승추세에 있는 '남들이 비싸다고 생각하는 주식'에 투자하는 경우가 많습니다. 하락추세에 매입을 한다면 하락추세가 돌아서는지를 면밀히 확인하고 매입을 합니다.

이렇게 추세에 맞는 매매만 해도 투자성공 확률을 높일 수 있습니다. 그러니 추세분석은 주식투자의 기본이면서도 여러분의 재산을 지키는 소중한 '선'이 되는 것입니다.

주의할 점은 수많은 투자자가 본인의 소중한 돈을 두고 피도 눈물도 없는 전쟁을 치루는 곳이 주식시장이라는 것입니다. 누구나 추세를 찾고 그 추세에 맞게 매매하려 합니다. 추세가 쉽게 보이지 않고 주가가 이리저리 흔들리는 것처럼 보이지만 추세를 만들어가고 있을 수 있습니다. 추세가 확연히 보이면 이미 선수급 투자자들은 자리를 잡고 있을 것입니다.

그래서 부단히 공부해서 추세의 분석과 예측에 대해 공부해야 합니다. 많은 경험도 필수입니다. 다만 조급해할 것은 없습니다. 세상은 넓고 투자할 종목은 수천 개입니다. 해외투자까지 확대하면 수만 개의 종목이 되겠지요. 나를 기다리고 있는, 나에게는 특히 잘 보이는 추세를 가진 종목이 반드시 있을 테니까요.

방향에 따른 추세의 종류

　추세를 바로 파악하기 어려운 이유는 주가가 직선으로 움직이는 것이 아니라 수시로 위아래로 작은 파동들을 만들면서 작은 저점과 고점을 형성하기 때문입니다. 상승추세라는 것은 주가가 움직이면서 생기는 작은 파동 속의 고점이 점차 우상향하는 것을 말합니다. 반대로 하락추세라는 것은 작은 파동 속의 저점이 점차 우하향하는 것을 말합니다.

　때로는 일정한 흐름 없이 움직이기도 하는데 일반적으로 이를 '주가가 횡보한다'고 표현하기도 하고, '박스권에 갇혀 있다'라고도 합니다. 이를 횡보 혹은 수평추세 정도로 부를 수 있습니다.

　추세는 다음과 같이 방향에 따라 3가지로 나눌 수 있습니다.

- 상승추세 : 작은 파동의 고점이 우상향
- 하락추세 : 작은 파동의 저점이 우하향
- 횡보추세 : 작은 파동의 고점과 저점이 횡보

횡보추세

위로 혹은 아래로 움직이기 위한 준비운동. 횡보가 긴 종목들을 따로 묶어놓고 변동사항을 체크해보는 것은 좋은 습관임

추세의 종류

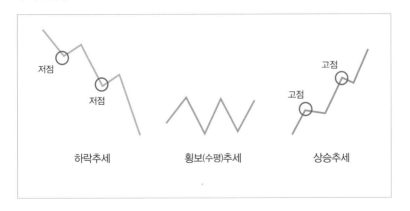

하락추세　　　　횡보(수평)추세　　　　상승추세

추세의 종류 _ 금호석유

저점이 낮아지는 하락추세에서 초보투자자가 매매로 성공하기는 어렵습니다. 굳이 하락추세가 진행중인 종목에서 매매하지 않고, 하락추세가 횡보추세로 전환된 후 매수타이밍을 찾는 것이 좋습니다.

추세의 순환과 대응

추세는 '상승 – 횡보 – 하락' 혹은 '하락 – 횡보 – 상승'을 반복하게 됨. 투자자에 따라서는 상승추세를 충분히 확인하고 매매하는 보수적 방법도 있고, 상승초입에서 선제적으로 투자하고 오판인 경우에는 빠른 손절매로 대응하는 적극적인 방법도 있음. 옳고 그름에 문제는 아니고, 투자자의 스타일일 뿐임. 자신의 특성을 스스로 파악하고 원칙을 세워가며 대응해야 함

이를 실제 차트로 살펴보도록 하겠습니다.

이 차트에서 보면 왼쪽은 하락추세이며, 횡보를 거쳐 점진적으로 저점이 높아지는 점진적인 상향추세를 보입니다. 매매타이밍에 아무리 뛰어난 투자자라도 왼쪽의 급한 하락추세에서 매매이익을 거두기는 생각보다 어렵습니다. 그에 비해 오른쪽의 상승추세는 그 추세가 강하지는 않더라도 상승추세 구간에서 매매를 했다면 적어도 크게 잃을 일은 없습니다.

전문적인 투자자는 급락이나 급등을 이용해 짧게 수익을 거두기도 하지만 초보투자자에게는 결코 쉽지 않은 일입니다. 그러므로 초보투자자는 상승추세를 찾아 매매하는 것이 좋습니다. 초보투자자는 많이 벌지는 못하더라고 투자금 자체와 투자시간을 소진시키는 큰 손실을 막는 것이 더 중요하기 때문입니다.

앞의 차트의 오른쪽을 보면 상대적으로 그간의 하락추세에 비해서는 약하지만 상승추세를 보이며 고점이 높아지고 있습니다. 여기에 더해서 저점도 높아지고 있음을 확인할 수 있습니다. 이 부분은 점선으로 표시했는데 매우 의미가 있는 부분입니다. 상승추세이므로 고점만 중요한 것이 아니라 주식의 수급측면에서 보면 저점의 중요도도 큽니다.

주가가 오르려면 결국은 매수세가 강해야 하는데, 가격이 낮다고 판단하고 들어오는 매수의 저점 가격이 높아지고 있다는 것은 상승추세로의 전환의 중요한 증거이기도 합니다(이 부분은 추세대에 대한 설명에서 더 자세히 보시기 바랍니다).

한 가지 더 말씀드리자면 횡보구간에서의 선택이 중요합니다. 횡보가 끝나고 상승할지, 아니면 다시 1주일 이내 5% 미만 수준으로 움직이다가 다시 횡보상태로 되돌아올지 확인해볼 필요가 있습니다. '하락 후 횡보 그리고 상승'의 패턴은 자주 나오게 되는데 이런 횡보구간의 종목들을 눈여겨봐두었다가 박스권을 이탈하는지 확인한 후에 매매하면 상대적으로 위험을 줄이면서 수익을 거둘 수 있습니다.

02
추세선의 개념과 분류

우리가 살면서 넘지 말아야 할 선을 넘는 것을 조심스러워 하듯이, 보이는 듯
보이지 않는 듯 주가의 움직임에서 무수한 선들이 존재하게 됩니다. 추세를
알기 쉽게 직선으로 연결한 것을 추세선이라고 합니다. 실제 주가의 움직임
은 직선이 아니므로 추세선을 그을 때는 최대한 주가의 움직임을 잘 표현할
수 있어야 하는데, 고점과 저점들을 연결한 선을 활용합니다.

추세선의 개념

추세선이란 고점, 저점 중 의미 있는 둘 이상의 고점 또는 저점을 연
결한 직선을 의미합니다. 주가는 일정하게 움직이는 패턴이 있으며 이
것을 단기적 움직임으로 파악해보면 매일 상승과 하락을 하는 형태를
가지면서 규칙적 혹은 불규칙적인 운동을 하는데, 이러한 주가운동 속
에 저점과 고점이 발생하게 됩니다.

일정시점의 저점과 고점을 연결하면 추세선을 설정할 수 있습니다.
일반적으로 상승추세선과 평행추세선은 저점끼리 연결하고, 하락추세
선은 고점끼리 연결합니다.

추세선의 종류

상승추세선   하락추세선   평행추세선

추세선의 특징

1) 추세선의 길이

추세선의 길이가 길면 추세선에 대한 신뢰도가 그만큼 높아집니다. 추세선이 길다는 것은 곧 추세가 만들어진 시간이 길어진다는 것이므로, 추세를 되돌리려는 많은 시도를 견딘 만큼 시세가 더 단단하다는 의미입니다.

2) 추세선의 변동

추세선은 고정된 것이 아니라 조금씩 변할 수 있습니다. 중요한 점은 전체적인 시세의 흐름을 잘 보여주는 추세선이 유효하다는 것입니다.

3) 추세선의 기울기

추세선의 기울기가 급할수록 반전도 크게 오는 것이 일반적입니다. 추세선의 기울기는 이동평균선의 기울기와 유사한 의미를 가집니다.

기울기

기술적 분석을 공부할수록 기울기 싸움이라는 생각이 드는데 기울기는 수학적으로 순간 변화율, 즉 미분이고, 주식에서는 돈 버는 각이라고 봄. 무분별한 주가의 움직임 속에서 기울기를 찾고 그 기울기의 변화를 파악하는 훈련이 중요함

즉 추세선의 기울기가 가파를수록 매수세력이나 매도세력이 급히 쏠리고 있다는 의미이며, 때가 되어 에너지가 소진되면 반대로 급한 기울기로 반전이 나올 수 있습니다.

추세선 _ 잉글우드랩

추세가 항상 일정할 수는 없습니다. 추세가 깊어지거나 완만해지는 경우가 자주 발생합니다. 추세의 기울기가 어떻게 변하는지 잘 살피고, 그 기울기가 위쪽으로 방향을 전환하는 종목이 매매하기가 좋습니다.

추세선을 그리다 보면 추세선에 일치하지 않는 사례가 자주 발생합니다. 이것이 추세선을 이탈한 것인지, 아니면 다시 복귀할 것인지 결정하는 것은 쉽지만은 않습니다. 그래서 추세선을 하나만 표시하는 것이 아니라 자주 확인하면서 주가의 움직임을 가장 잘 보여줄 수 있는 추세선을 복수로 표시해가면서 추세선의 정확도가 가장 높은 것을 선택하는 것이 좋습니다.

위 차트를 보면 하락추세가 진행되면서 하락추세선의 기울기가 완만해지는 것을 볼 수 있습니다. 상당기간 하락이 이어지면서 하락추세가 바뀌지는 않았지만, 그 기울기가 완만해지는 것은 매도세가 진정되어 가고 있다는 의미이기도 합니다.

여기서 함께 살펴봐야 할 것은 바로 20일 이동평균선입니다. 추세선 자체가 이동평균선과 관계가 깊기도 하고, 20일 이동평균선의 기울기와 함께 추세를 살피면 추세선의 변경 가능성을 확인하는 데 큰 도움이 됩니다.

저는 개인적으로 기울기를 중시합니다. 20일 이동평균선의 기울기가 완만해지면서 횡보를 거쳐 반등이 발생합니다.

추세의 기간에 따른 분류

추세를 기간에 따라 분류하면 크게 주추세, 중추세, 소추세로 나눌 수 있습니다.

- 주추세 : 장기추세
- 중추세 : 중기추세
- 소추세 : 단기추세

추세의 기간에 따른 분류는 매우 주관적입니다. 초단기투자를 하는 사람은 분단위 움직임을 따질 수 있고, 종합주가지수와 같은 지수매매를 하는 사람은 경우에 따라서 1년 단위 이상의 추세를 보고 매매할 수도 있습니다. 다만 앞에서도 이야기했지만 추세선이 길수록 추세의 신뢰도는 높습니다.

추세선과 이동평균선

추세선과 이동평균선은 형제관계와 같음. 단기추세와 장기추세와 함께 이동평균선을 살피는 습관을 들이면 좋음

기울기

20일 이동평균선 기울기는 직관적으로 파악이 쉬우면서도 상당히 정확함. 하루 이틀 주가가 오차가 나더라도 20일 이동평균선의 기울기는 힘의 균형 정도를 잘 보여줌

추세의 기간 _ SG세계물산

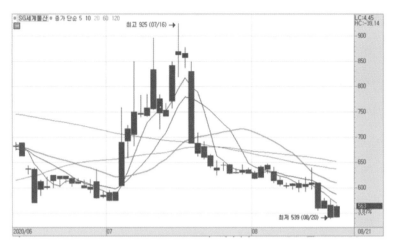

추세는 형성된 기간이 길수록 추세의 신뢰도가 높다고 할 수 있습니다. 단기간에 급등하는 종목은 단기간에 다시 제자리로 가는 경우도 많으므로 추세적인 상승인지 확인할 필요가 있습니다.

위 차트를 보면 추세를 형성할 만한 변화가 없다가 갑자기 급등하는 상승추세를 만들게 되는데, 이렇게 단기에 형성되는 추세는 단기에 소멸하는 경우가 많으니 각별한 주의가 필요합니다. 추세선의 각도가 단기간에 45도를 넘는다면 조정도 클 수 있기 때문에 섣불리 매수해서는 안 됩니다.

투자자에 따라 추세의 기간을 보는 것이 다를 수밖에 없습니다. 하지만 추세를 위주로 매매하는 투자자들은 적어도 1개월 이상 유지되는 추세를 활용하는 경우가 많습니다.

단기추세 vs. 장기추세

어떤 추세가 더 중요한가의 문제는 아님. 투자자 스타일에 따라 단기추세를 중요하게 보기도 하고 장기추세를 선호하기도 함. 중요한 것은 자신의 투자스타일에 맞는 추세로 투자수익을 거둘 수 있느냐는 것임

추세대의 개념과 활용법

주가차트에 추세선을 그려보면 일정한 폭을 가지고 위쪽과 아래쪽에 평행한 추세선을 그릴 수 있는 경우가 생기는데 이것을 추세대(추세통로)라고 합니다. 시계추가 좌우로 일정범위 내에서 흔들리듯이 주가가 오르고 내리면서 범위를 가지고 움직이는 경향이 있는데, 주식투자자가 이를 잘 파악하면 매매하는 재미가 있고 수익률도 좋아집니다.

추세대의 개념

주가차트에 추세선을 그려보면 일정한 폭을 가지고 위쪽과 아래쪽에 평행한 추세선을 그릴 수 있는데, 이것을 추세대 혹은 추세통로라고 합니다. 주가의 움직임이 평행한 추세선 안에서 밴드형태로 움직이게 되는데 시각적으로 투자 타이밍을 잡기가 용이합니다.

추세대도 추세선이나 지지선 및 저항선과 마찬가지로 단기차트, 중기차트, 장기차트에서 각각 다르게 나타날 수 있으므로 다양하게 분석하고 판단하는 것이 좋습니다. 또한 한 번 추세대를 그리는 것으로 끝나는 것이 아니라, 기존 추세대가 더 이상 유용하지 않다고 판단되면 새로운 추세대를 다시 그려야 합니다.

보조추세선의 개념

전형적인 모형은 기본 추세선에 바탕을 두고 있으며, 추세선 반대편에 보조추세선을 그어 추세대를 설정할 수 있습니다. 추세대는 다른 전문용어로 추세통로라고도 하며 그 종류는 상승추세대, 하락추세대, 평행추세대의 3가지 기본모형으로 구분할 수 있습니다.

이러한 추세선과 추세대를 정확히 도출할 수 있으면 주식투자에 도움이 됩니다. 미래의 주가 움직임이 범위 내에 한정되어 매매시점을 훨씬 편리하게 예측·분석할 수 있기 때문입니다.

추세분석의 종류에는 장기적으로 횡보현상이 나타나는 평행추세와 지속적으로 상승하려는 상승추세, 이와 반대로 기나긴 하락세를 보여주는 하락추세가 있습니다. 분석대상으로는 상승추세와 하락추세가 매매에는 중요합니다.

횡보, 즉 평행추세도 중요합니다. 평행 후 결국은 상승 혹은 하락으로 방향을 잡을 것이므로 횡보가 길수록 관심종목에 담아두고 잘 지켜볼 필요가 있습니다.

추세대의 형성

추세대가 깔끔하게 형성되지 않는 경우도 많음. 그런 경우에는 추세가 아직 형성되기 전인 경우임

상승추세대 및 하락추세대

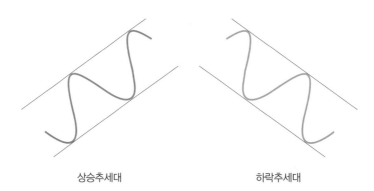

상승추세대   하락추세대

상승추세대 _ 동화약품

성장산업에서 추세적으로 상승하는 종목은 괜찮은 수익을 낼 수 있는 경우가 많습니다. 이런 경우 단기적으로 매매하기보다는 추세가 꺾이는 것을 확인할 때까지 보유하는 전략이 좋습니다.

일반적으로 일정 기간 이상 상승추세를 가지려면 해당 기업의 업종이 성장산업이거나 업종 내에서 탄탄한 입지를 가진 경우가 많습니다. 위 차트를 보면 고령화 사회에서 성장산업 중 하나인 제약산업에 속하는 동화약품의 사례입니다. 제약산업의 특성상 업력이 있는 제약회사는 기다리면 기회를 주는 경우가 많습니다. 제약산업은 개인투자자들이 좋아하는 업종이기도 합니다.

기본적으로 우상향하는 상승 추세를 그리고 있고 보조추세선과 함께 추세대를 따라 상승하다가 상승이 가속화되며 추세대 위로 상승했고, 추후 기본 추세선을 이탈해 하락하게 됩니다. 보조추세선에 도달할 때 매도해서 수익을 실현할 수도 있고, 강하게 보조추세선을 뚫고 올라온다면(원으로 표시) 지켜보다가 음봉이 연속적으로 나올 때 분할 매도로 대응하는 것이 좋습니다. 그리고 주추세선을 이탈하면 물량을 모두 정리하는 것이 마음이 편할 것입니다.

제약산업

제약, 바이오, 헬스케어 업종은 성장산업이므로 상대적으로 기회가 더 많음. 기술적 분석은 업종과 종목을 가리지 않지만 초보자 입장에서는 성장산업에서 매매하는 것이 성공할 확률이 높음

추세대를 활용한 우량주 장기투자

추세대를 활용한 매매를 하게 되면 초보투자자의 단점 중 하나를 보완할 수 있습니다. 바로 단기매매를 지양하고 우량주 장기투자가 가능해진다는 점입니다.

보통 개미투자자는 상승할 때 수익을 조기에 실현하고, 손실구간에서는 손절을 하지 못해 수익은 크게 발생하는 경우가 많습니다. 그래서 결국은 주식시장이 상승하더라도 수익이 별로인 경우가 많은데, 하락장에서는 손절 대응이 안 되어 손실이 크게 나타나 결국은 손실을 보는 경우가 종종 발생합니다.

한국 최고의 회사이자 주식종목이라고 할 수 있는 삼성전자의 사례를 살펴보도록 하겠습니다. 사실 한국 최고의 주식이라는 것을 의심하는 분은 거의 없는데, 그럼에도 한국에서 아파트에 투자하듯 삼성전자

삼성전자

삼성전자는 한국 최고의 기업이자 주식투자자라면 매매를 한 번씩은 하게 되는 종목임. 매매를 하지 않더라도 시황을 살피기 위해서라도 관심종목에 넣어두기 바람

추세대를 활용한 장기투자 _ 삼성전자 월봉

업종의 1등주를 매매하는 것이 초보자에게는 안전한 투자이기도 하고 장기투자가 가능합니다. 우량주는 장기로 보고 일시적인 추세의 이탈은 감내하며 기다리는 인내도 필요합니다.

에 투자하시는 분은 만나기가 쉽지 않습니다. 이런 업종 1등주나 우량주에 투자할 때는 주봉이나 월봉의 추세선을 활용하는 것이 잔파도에 휩쓸리지 않고 장기투자하는 비결이기도 합니다.

추세를 보고 투자를 했다면 추세선이 하락으로 반전하기 전까지 2016년부터 2년 동안 충분한 수익을 낼 수 있었을 것입니다. 반면에 장기투자를 맘먹지 않고 단순히 투자했다면 20~30% 정도의 수익률에 감사하며 중간에 매도할 확률이 높습니다.

단기투자가 나쁜 것이 아니라, 투자는 수익을 챙기는 것이 최우선이므로 '단기건 장기건 벌면 최고'라는 것은 맞습니다. 다만 초보투자자가 단기매매로 수익을 내기가 쉽지 않다는 것이 문제입니다. 그러므로 투자금 중 일부는 업종의 1등주나 초우량주로 장기투자를 해보는 것도 좋습니다.

장기추세선을 확실히 이탈한 것을 확인하고 매도했다면 단기 수익률 싸움에 휘둘리지 않고 장기투자를 통해 높은 수익을 거둘 수 있습니다. 초보투자자 입장에서 개별 종목이 어렵다면 종합주가지수에 투자하는 상품도 많기 때문에 이런 종목으로 한국경제의 성장을 믿고 투자해보는 것도 좋겠습니다.

종합주가지수

지수에 투자하는 ETF, ETN 상품이 많이 개발되어 있음. 개별종목에 바로 투자하기가 쉽지 않은 초보자라면 지수에 투자하는 것도 대안이 됨. 아무래도 변동성이 개별종목에 비해 낮기 때문에 위험성이 적음

추세대를 활용한 실전매매

추세대가 형성되는 것을 차트에서 확인하게 되면 매매시점을 포착하는 것이 수월해집니다. 일단 추세대가 형성되면 추세대의 아래쪽이나 위쪽의 두 추세선 사이에서 등락을 반복할 확률이 높다고 보는 것

입니다. 그래서 추세가 상승하든 하락하든 관계없이 아래쪽 추세선에서 매입하고, 반대로 위쪽 추세선에서 매도하는 방식입니다.

추세대는 시각적으로 어렵지 않게 찾을 수 있어 편합니다. 일반적으로 단기매매를 위해서는 일봉차트를 사용하는 경우가 많습니다.

하락추세대에서의 매매 _ 대림산업

하락하는 추세에서도 주가는 상하운동을 하면서 하락하게 됩니다. 초보투자자라면 굳이 하락추세대에서 매매하는 것보다는 상승추세대에서 매매하는 것이 안전하고 유리합니다.

성장성

성장성이 낮은 종목은 일반적으로 PER배수가 낮은 종목들이 많음. 변동성이 상대적으로 낮고 장기적으로 상승추세를 형성하기가 쉽지 않은 경우가 많음. 탄력적인 매매를 선호하는 투자자는 성장성이 높은 IT나 제약업종에서 종목을 선정하는 것이 좋음

추세대를 이용한 매매를 한다면 하락추세에서도 충분히 매매를 할 수 있습니다. 추세대의 아래에서 매수하거나 추세대의 위쪽에서 매도하는 포인트를 찾기가 어렵지 않으나, 차트에서 보여드리는 것은 사후적인 그림에서 찾는 것이므로 하루하루 전쟁과 같은 매매현실에서 그때그때 정확히 잡아내기는 만만치 않습니다. 성장성이 제한된 업종의 종목이 하향추세대를 형성하는 경우가 많으니 손절매 원칙을 지키면서 대응하면 좋겠습니다.

일반적으로 추세대매매를 하려면 상승추세에서 실행하는 것이 수익률을 높이는 방법입니다. 특히 초보투자자가 하락추세에서 수익을 내기란 결코 쉽지 않습니다.

추세대의 변경

추세대가 형성되었다고 마냥 지속될 수는 없습니다. 결국 주가의 움직임이 언젠가는 추세대를 위쪽 방향이건 아래쪽 방향이건 돌파해 나아가게 됩니다.

그 이유에 대해 잘 아셔야 합니다. 결국은 투자자의 심리에 영향을 받기 때문입니다. 기존의 범위에서 위쪽 범위는 주가가 비싸 보이고, 아래쪽 범위는 저렴해 보이기 때문입니다. 그러므로 기존 추세선이 무너지면 추세대를 새로 형성할 때까지 보수적으로 판단하고 매매해야 합니다.

04
저항선과 지지선에 대한 이해

추세가 결국 저항과 지지가 되고, 이는 이동평균선과 맞닿아 있게 됩니다. 그런데 흥미로운 점은 지지가 항상 지지가 되지 않고, 저항이 항상 저항이 되지는 않는다는 것입니다. 인생사도 그렇듯 주식시장이라는 전장에서도 친구처럼 버팀목이 되던 지지선이 어느 순간 넘어서기 힘든 저항선이 되기도 합니다. 그래서 더욱 흥미로운 것이 주식투자입니다.

저항선과 지지선의 개념

주가는 특정한 범위 안에서 주가운동을 결정지으려는 경향이 있습니다. 지지는 일정한 기간 동안 주가의 하락추세를 멈출 수 있는 충분한 매입과 매입하고자 하는 세력을 말하며, 이러한 현상을 선으로 연결시켜놓은 것을 지지선이라 합니다.

저항은 그 반대로 어느 일정한 기간 동안의 매입세력에 대한 매도세력을 말합니다. 이렇게 상승저항을 받고 있는 고점들을 선으로 연결한 것이 저항선이 됩니다.

저항 vs. 지지

저항과 지지는 고정되지 않고 변하며 심지어는 저항이 지지로, 지지가 저항으로 바뀌기도 함

지지선 하향돌파 시의 대응법

지지선 하향돌파란, 주가상승 후 매도증가로 저항을 보인 후에 지지 수준을 하향돌파하는 것입니다. 매도세의 급격한 증가와 매수세의 감소로 인해 결국 지지선이 무너지고 하향돌파되어 주가가 저항선에서 상방경직성을 보이며 거래가 급감하는 현상이 발생합니다. 아래 그림에서 지지선을 하향돌파하는 A지점을 적극적인 매도시점으로 삼아야 합니다.

지지선 하향돌파

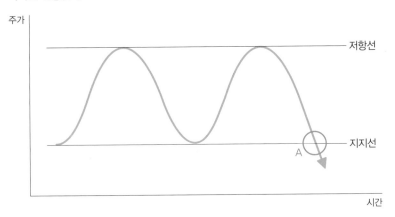

저항선 상향돌파 시의 대응법

저항선 상향돌파란, 주가가 하락하다가 지지선을 중심으로 일정한 수요가 발생되어 주가의 하방경직성을 보인 후 저항선을 상향돌파하는 경우입니다. 매입세력 증가로 저항선 돌파가 나타나게 되는 지점,

즉 주가가 저항선을 돌파하는 B지점을 매수시점으로 삼아야 합니다. 특히 강한 매수세로 거래량을 동반하면서 힘있게 저항선을 뚫을 때는 더욱 적극적인 매수시점으로 삼아야 합니다.

저항선 상향돌파

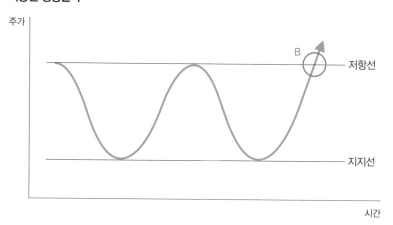

저항선 상향돌파 _ 한창제지

장기간 횡보하던 주가가 힘있게 횡보가격대를 뚫고 올라가면 상당한 시세차익을 볼 수 있는 기회가 생기게 됩니다. 횡보기간이 길수록, 상승의 힘이 클수록 신뢰도는 높아집니다.

상당기간 저항선 아래에서 움직이던 주가가 힘있게 저항선을 뚫고 올라가는 경우에는 매수로 대응하는 것이 좋습니다. 이때 횡보하던 기간이 길수록, 저항선을 뚫을 때 대량거래가 실리면 더욱 신뢰성은 높습니다.

저항선과 지지선을 이용한 매매

저항선이라는 것이 투자자 입장에서는 하나의 벽이기 때문에 무시하지 말고 시장에 순응하는 매매를 하는 것이 합리적입니다.

장기간에 걸쳐 시장상황도 바뀌고 기업 내용도 당연히 변화가 있었을 것입니다. 하지만 과거 고점의 저항이라는 것이 장기적으로도 영향

저항선 _ 아모레퍼시픽

주식투자는 심리에도 영향을 많이 받습니다. 과거의 고점, 과거의 저점이 시각적으로 주는 영향을 무시할 수 없습니다. 과거의 고점은 저항으로, 과거의 저점은 지지로 역할을 하지만 돌파가 되면 반대의 역할을 하므로 주식투자는 어렵지만 흥미롭습니다.

이 상당하다는 것을 앞 페이지의 차트에서도 볼 수 있습니다.

상승하던 주가가 저항선을 돌파하지 못할 때는 매도로 대응해야 합니다. 반대로 오히려 과거의 저점을 강하게 상향돌파하면 매수하는 것이 좋습니다. 초보투자자는 이때 주가가 비싸다고 매수를 망설이지만, 고수는 목표수익률을 정하고 과감하게 매수에 나섭니다.

일반적으로 최근의 최고점은 저항선이 되는 경우가 많고, 반대로 직전에 나타난 최저점이 지지선이 되는 경우가 많습니다. 그리고 저항선과 지지선의 특성 중 하나로 저항선이나 지지선이 일단 돌파되면 상황이 달라집니다. 즉 지금까지 저항선은 이후 지지선으로 적용되고, 반대로 지지선은 저항선으로 적용되는 경우가 많다는 것입니다.

저항선과 지지선은 주식투자의 기본입니다. 현재의 가격 움직임이 어디까지 진행될지 예측하는 데 큰 도움이 되기 때문입니다.

최고점

최고점이 저항이 되는 것은 최고점 근처에서는 투자자의 대부분이 수익을 내는 가격이므로 매도세가 늘어날 수밖에 없음. 그래서 매도세를 이겨내는 최고점을 돌파하는 것은 더욱 의미가 있는 것임

저항선과 지지선 _ 제로투세븐

과거의 고점은 저항역할을 하게 됩니다. 다만 그 저항을 돌파하면 지지역할로 바뀌게 됩니다. 전 고점을 돌파할 때 힘있게 돌파한다면 그 신뢰도는 높아집니다. 초보자는 섣불리 예측하기보다는 돌파여부를 확인하고 매매하는 것이 안전합니다.

이 차트의 왼쪽에서는 지지선 역할을 하나 지지선을 하향돌파한 후 상승시기에는 반대로 저항선 역할을 하게 됩니다. 이런 때엔 해당종목을 보유한 투자자는 조심스럽게 접근해야 합니다.

물론 저항성을 강하게 뚫고 올라오는 경우에는 좋은 호재가 발생했거나 새로운 매수세력이 입성했다는 의미일 것입니다. 그런 경우에는 매수로 대응하게 됩니다.

> **Q** 다음의 차트를 보고 하락추세선과 추세대를 그려보세요.
> 그리고 하락추세의 전환 여부에 대해 여러분의 의견을 제시하세요.

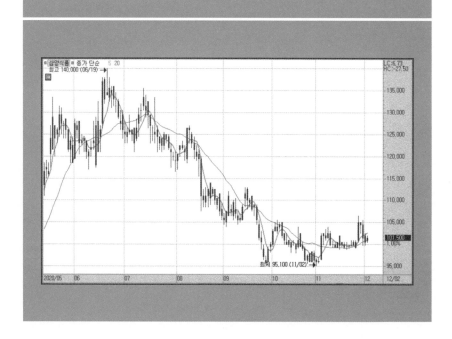

정답 및 해설

하락추세를 위와 같이 확인할 수 있습니다. 하락의 추세 전환은 두 번의 바닥을 형성하면서 횡보추세로 전환되었습니다. 5일선이 20일선을 하향돌파하지 않고 상승을 하는지 여부에 따라 상승으로의 추세전환 여부를 확인할 수 있을 것입니다.

상승추세 및 전환

Q 다음의 차트에서 추세대를 그려보고 만약 현재 해당 주식을 가지고 있다면 보유와 매도 여부에 대한 여러분의 의견을 말해보세요.

정답 및 해설

상승추세선은 위와 같이 그려볼 수 있습니다. 상승추세 끝에서는 이전과는 다르게 장대음봉이 나오면서(타원으로 표시) 추세전환을 예고했습니다. 이후 음봉이 반복해 발생하며 5일선이 20일선을 강하게 하향돌파하고 있습니다. 이후 하락이 이어집니다. 추세선을 이탈하는 시점에 매도로 대응하는 것이 좋습니다.

주가가 오르고 내림을 반복할 때 그 추세의 변곡점을 찾아내는 것은 주식투자에서 매우 중요합니다. 추세가 진행중인지, 추세가 꺾일 것인지 미리 알 수 있다면 투자는 참 쉬워집니다. 그래서 그런 힘의 변곡점을 찾는 다양한 기법들을 만들어냈고, 지금도 누군가는 연구하고 있을 것입니다. 다양한 지표 중에서 실전에서 많이 사용되고 초보투자자들도 적용하기 좋은 대표적인 모멘텀지표에 대해 살펴보겠습니다.

5부

모멘텀지표,
이렇게
분석하면 된다

01
모멘텀지표의 개념과 활용법

흔히 '모멘텀'을 전환점 정도의 의미로 사용하지만, 원래 모멘텀이란 단어는 물리학에서 물질의 운동량이나 가속도를 의미하는 어려운 단어입니다. 가속도라는 것은 속도의 변화를 말합니다. 수학적으로는 1차 미분인 접선의 기울기를, 경제학에서는 한계변화율을 말합니다. 기술적 분석에서 모멘텀지표가 매우 중요한 만큼 간단한 원리 정도는 꼭 이해하는 것이 좋겠습니다.

모멘텀지표의 개념

모멘텀(Momentum)지표는 현재 주가와 일정 기간 전 주가와의 상승과 하락의 차이나 비율을 비교해서 보여주는 지표입니다. 쉽게 말하면 기준이 되는 날보다 어느 정도 비싸거나 싸졌는지를 시간의 흐름에 따라 보여주게 됩니다. 그러면 현재의 추세로 어느 정도 가속도인지 파악해 주가예측에 활용하기 위한 것입니다.

현재의 주가와 과거 일정시점의 주가를 연속적으로 비교해 균형선(0)을 중심으로 오르고 내리는 진동을 살피면서 추세의 방향과 강도를 확인해 투자에 도움을 주게 됩니다. 수많은 보조지표들이 바로 이런 원리를 이용해 만들어지기 때문에 여러 지표를 이해하는 데 큰 도움이

균형선

균형선은 기준이 되는 선임. 기준선에서 어떤 지표와의 차를 + 혹은 −로 표시한 것을 오실레이터(oscillater)라고 하며 기술적 분석에서 자주 사용됨

됩니다.

어떤 기준선을 정한 다음 그로부터 어느 정도 차이를 두고 있는지를 통해 오르고 내림을 분석하면 단순한 오르고 내림이 상대적인 정도의 차이로 파악할 수 있게 됩니다. 직관적으로도 기준선을 두고 위쪽인지 아래쪽인지, 즉 플러스인지 마이너스인지 한눈에 들어와서 이해가 편합니다.

모멘텀지표의 계산

모멘텀지표를 작성하려면 우선 '기준과 현재 주가와의 차이'를 계산해야 합니다.

$$현재\ 주가 - 일정\ 기간\ 전의\ 주가$$

그 다음으로 '기준과 현재 주가와의 비율'을 계산해야 합니다. 기준 주가는 일정 기간 전으로 5일, 10일, 20일 등으로 투자자가 정하게 됩니다.

$$\frac{현재\ 주가}{기준\ 주가} \times 100$$

이해하기 쉽게 모멘텀지표 작성 사례를 소개하겠습니다.

모멘텀지표 작성 사례

영업일	현재가	3일 전 주가	모멘텀 지표
1	70		
2	60		
3	50		
4	60	70	−10
5	70	60	+10
6	80	50	+30
7	70	60	+10
8	60	70	−10

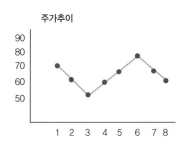

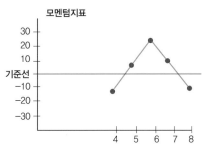

기준이 되는 기간을 간단히 살펴보기 위해서 여기서는 3일을 사용했습니다. 위 사례에서 주가는 50에서 80 사이를 움직이는데, 3일 후 주가와 비교하게 되면 −10에서 +30을 두고 진동하게 됩니다. 모멘텀 지표에서는 기준선이 생기게 되고, 이 기준선을 두고 어느 정도 움직이는지를 파악해 매매타이밍을 잡게 됩니다.

예를 들어 주가는 6영업일에 가장 높은 80을 기록했는데, 70에서 시작한 주가에서 보면 크게 차이가 없어 보일 수 있으나 이를 모멘텀으로 확인하면 4일째 +30으로 급격히 상승하는 것을 확인할 수 있습니다. 즉 이 주가는 일련의 흐름상 상당히 높게 올랐다고 판단할 수 있습니다. 이 시점을 매도타이밍으로 잡을 수도 있고, 추세의 흐름이 더 강해지는지 기다릴 수도 있습니다. 이런 방식으로 분석하는 것이 바로 모멘텀분석입니다.

모멘텀지표의 해석

1) 모멘텀 > 0

모멘텀이 0 위에서 상승한다면 주가의 상승 폭이 이전보다 커지고 있다는 의미입니다. 즉 상승추세가 강화되는 중입니다.

모멘텀이 0 위에서 횡보한다면 주가가 이전과 같은 폭으로 상승하고 있다는 의미로, 이런 경우 상승추세가 지속된다는 것을 나타냅니다. 주가가 동일한 폭으로 오르거나 내리면 모멘텀은 횡보합니다.

모멘텀이 0 위에서 하락한다면 주가는 상승하고 있지만 상승 폭이 줄어들고 있다는 의미입니다. 즉 상승추세가 약해지는 중인 것입니다.

이상의 내용을 간단하게 정리하면 다음과 같습니다.

- 모멘텀이 0 이상에서 상승 : 상승추세 강화
- 모멘텀이 0 이상에서 횡보 : 상승추세 지속
- 모멘텀이 0 이상에서 하락 : 상승추세 약화

2) 모멘텀 = 0 : 횡보

모멘텀이 0이라면 주가는 현재 횡보하고 있다고 간단하게 해석하면 됩니다.

3) 모멘텀 < 0

모멘텀이 0 이하에서 상승한다면 주가가 하락하고 있지만 하락 폭이 줄어들고 있음을 보여줍니다. 즉 하락추세가 약화되는 중이라는 의미입니다.

모멘텀 = 0

모멘텀이 0이라는 것은 변화가 없다는 의미로 기존의 추세가 유지된다는 뜻임 모멘텀이 0 이하에서 횡보한다면 주가가 이전과 같은 폭으로 하락하고 있는 상황입니다. 즉 하락추세가 지속되는 상태입니다.

모멘텀이 0 이하에서 하락한다면 주가의 하락 폭이 이전보다 커지고 있어 하락추세가 강해지고 있다는 의미입니다.

이상의 내용을 간단하게 정리하면 다음과 같습니다.

- 모멘텀이 0 이하에서 상승 : 하락추세 약화
- 모멘텀이 0 이하에서 횡보 : 하락추세 지속
- 모멘텀이 0 이하에서 하락 : 하락추세 강화

모멘텀지표의 활용전략

모멘텀지표는 다음과 같이 매우 다양하게 활용됩니다. 그러므로 주식투자자라면 모멘텀지표의 활용전략을 기본적으로 잘 숙지해둘 필요가 있습니다.

1) 주가파동의 사이클 파악 활용전략

기준선 0을 기준으로 0 위에 있을 때 주가가 상승파동을 만들면서 움직이고, 기준선 0 아래에 있을 때 주가가 하락파동을 그리며 움직입니다. 이를 활용해 0 기준 위로 올라서거나 0 기준 위에서 매수시점을 잡는 것이 좋겠습니다.

2) 과매수·과매도 활용전략

기준선이 지나치게 높거나 낮다면 추세가 반전할 가능성이 높아집니다. 0 기준 위에서 지나치게 높은 수준을 과매수 구간으로 정해 과매수 구간으로 진입 시 매도시점을 고려하게 됩니다. 반대로 0 기준 아래서 지나치게 낮은 수준을 과매도 구간으로 정해 과매도 구간에 진입 시 매수시점을 고려하게 됩니다.

3) 신호선(시그널) 활용전략

시그널은 모멘텀지표를 일정한 기간으로 이동평균해 구합니다. 따라서 시그널선은 모멘텀곡선에 비해 완만하고 느리게 움직입니다. 좀 더 빠르게 움직이는 모멘텀곡선이 교차하는 것을 활용하는 방법입니다.

- 모멘텀곡선이 시그널선을 상향돌파(골든크로스) : 매수 고려
- 모멘텀곡선이 시그널선을 하향돌파(데드크로스) : 매도 고려

4) 다이버전스 활용전략

다이버전스라는 것은 주가와 모멘텀지표의 방향이 반대가 된다는 것을 말합니다. 일반적으로 주가와 모멘텀지표는 같은 방향으로 움직이나 반대로 움직이는 경우가 있는데, 이를 기술적 분석에서는 '추세가 전환된다'는 신호로 파악합니다.

- 상승 다이버전스(주가는 하락하나 모멘텀지표는 상승) : 매수 고려
- 하락 다이버전스(주가는 상승하나 모멘텀지표는 하락) : 매도 고려

시그널

기술적 지표에서 시그널선은 해당 지표의 값을 이동평균한 것임. 따라서 상대적으로 느리고 완만하게 움직이게 됨. 즉 좀 더 장기적인 추세를 보여주는 것임. 특정 지표가 시그널을 돌파하는지를 가지고 매매타이밍을 잡게 됨. 5일 이동평균선과 20일 이동평균선의 관계와 유사하다고 이해하면 이해가 쉬움

다이버전스

수학에서는 발산이라는 뜻이며 기술적 분석에서는 추세와 반대로 간다는 것으로 이해하면 됨. 다이버전스는 앞으로도 자주 나올 텐데 기존의 진행방향이 바뀔 것이라는 신호로 해석함

모멘텀지표는 스토캐스틱, CCI 등 기술적 분석을 활용하는 투자자가 흔히 사용하는 지표로 그 종류가 다양합니다. 간단한 원리들을 이해하고 각각의 지표의 특징을 이해하면서 적용하면 언젠가 자신만의 기술적 분석을 만들어낼 수 있을 것입니다.

02
ADR의 개념과 활용법

ADR(Advance Decline Ratio)은 등락비율이라 하며 시장 전체의 움직임을 보고자 하는 지표입니다. 초보투자자들은 본인이 선택한 종목이 시장과는 관계없이 상승할 수 있다고 믿지만 시장을 이기는 종목은 없습니다. 투자를 하면서 반드시 시장 전체의 동향을 살펴야 합니다. 개별종목을 매매하더라도 시장의 흐름을 고려하면서 매매에 임해야 합니다.

ADR의 개념

종합주가지수가 시장의 종합적인 가격의 변동을 알려준다면, ADR은 매일 상승종목 수와 하락종목 수의 변동을 알려주는 지표입니다. 일정한 기간 동안 상승종목 수를 하락종목 수로 나누어 그 비율을 구하고, 이를 평균화해 지표로 만듭니다.

투자자는 나무(개별종목)만 보고 달리기가 쉽지만 나무도 숲(시장)의 일부입니다. 시장을 전반적으로 살피면서 개별종목 투자의 의사결정을 하면 성공확률을 높일 수 있습니다. 시장상황을 두루두루 살필 수 있는 지표가 바로 ADR입니다.

ADR의 계산

ADR의 계산식은 다음과 같습니다.

$$ADR = \frac{상승종목\ 수}{하락종목\ 수} \times 100$$

N일선 ADR은 '최근 N일간 ADR 합/N'입니다. N일은 20일을 주로 많이 사용합니다.

ADR의 해석

ADR이 100%라면 상승종목 수와 하락종목 수가 같다는 의미입니다. ADR이 110%라면 상승종목이 10% 더 많다는 의미입니다. ADR이 90%라면 하락종목이 10% 더 많다는 의미입니다.

ADR의 상승은 시장 활성화를 뜻하고, ADR의 하락은 시장 침체를 의미합니다. 지수가 상승하더라도 하락종목 수가 상승종목 수보다 많다는 것은 상승에너지가 약하다는 의미입니다.

ADR에 따른 시장추이는 다음과 같습니다.

- ADR이 120% 이상 : 경계를 요하는 구간으로, 이후 시장은 하락으로 전환하는 경우가 많음

- ADR이 75~80% 이하 : 시세는 바닥권을 의미하는데, 이후 시장
  은 상승으로 전환하는 경우가 많음
- ADR의 정점은 주가의 정점보다 선행하는 경우가 많음

ADR _ 종합주가지수

ADR은 전체적인 시장의 흐름을 파악하는 데 유용합니다. 시황이 좋을 때 투자수익이 좋을 확률이 높아집니다. 그래서 경험이 적은 초보투자자에게는 더욱 중요합니다.

위 차트를 보면, 주가는 횡보하나 ADR이 80% 아래에서 저점을 형성했습니다. 이후 주가는 상승하고, ADR 역시 상승합니다. 이후 ADR이 120% 부근에서 고점을 형성하고, 주가도 하락합니다.

ADR이 높다는 것은 산식을 보면 알 수 있지만 쉽게 말해서 오르는 종목이 많다는 것입니다. ADR이 낮으나 종합주가지수가 높아진다는 것은, 예를 들어 삼성전자와 같은 일부 대형주 위주로 장이 오른다는 것을 의미합니다. 특정 종목만으로 전반적인 장이 유지되기에는 힘이 부족합니다.

ADR의 활용전략

ADR은 시장의 힘을 측정하는 데 널리 이용되는 지표입니다. 주가가 전체적으로 상승추세에 있는지 아니면 하락추세에 있는지를 판단하는 데 유용한데, 다른 지표보다 먼저 나타나는 경우가 많기 때문입니다. 즉 ADR은 선행지표 역할을 하는 것입니다.

주가지수가 상승하고 있는 중이라도 ADR이 하락하고 있다면 시장은 상승에너지가 약해져 하락세로 전환하게 됩니다. 주가지수가 하락하고 있는 중이라도 ADR이 상승하고 있다면 시장은 곧 상승세로 전환하게 됩니다. 물론 ADR지표 하나만으로 상승 또는 하락의 정확한 타이밍을 맞추기는 어렵습니다. 다만 장래의 상승 또는 하락을 예상할 수 있다는 것입니다.

ADR _ 코스닥지수

주가와 ADR은 일반적으로 같이 움직이는 경향이 있습니다. 그런데 주가와 ADR의 움직임이 반대라면 주가의 반전을 의미하는 신호입니다.

이 차트에서 코스닥지수와 ADR을 비교하면, 지수는 상승하나 ADR이 하락하는 경우는 '대형주 위주로 상승한다'는 의미로 상승 동력이 약해진다는 뜻입니다. 이후 ADR이 저점을 형성하고 다시 상승하게 됩니다.

ADR은 일반적으로 저점을 찾는데 더 유용하다고 합니다. ADR이 75%에서 80% 아래에 있다면 ADR이 돌아서는 구간에서 매수시점을 찾아보는 것이 좋겠습니다. 개별종목을 매매할 때도 ADR을 활용하지만 지수를 추종하는 ETF와 같은 상품을 매매할 때 특히 유용합니다.

03
스토캐스틱의 개념과 활용법

스토캐스틱(Stochastic)은 확률이라는 뜻에서 나온 말입니다. 조지 레인이 개발한 이 지표는 우리가 살아가는 인생에 부침이 있듯이 주가도 오르내림이 있고 오늘 주가가 상대적으로 어느 정도 있는지 0에서 100까지 숫자로 보여줍니다. 주가의 미래를 정확히 맞출 수는 없지만 그 가능성을 알려줍니다. 즉 마치 일기예보를 확률로 알려주는 것처럼 말입니다.

스토캐스틱의 개념

스토캐스틱

Stochastic이라는 단어는 통계학의 확률을 의미함. 확률적으로 시세의 흐름을 맞춘다는 말임

스토캐스틱은 일정 기간 중에 주가가 움직인 범위에서 당일의 종가가 상대적으로 어느 정도 수준인가를 알려주는 지표입니다. 가격의 변동폭과 종가와의 관계를 통해 매매신호를 찾는 방법입니다.

스토캐스틱은 0에서 100까지의 값을 가지는데, 주가가 계속 상승한다면 100에 가까워지고, 주가가 계속 하락한다면 0의 값에 가까워지게 됩니다. 즉 상승추세에서는 당일 주가가 최근 가격 변동폭 중의 최고가에 가까울 것이고, 반대로 하락추세에 있다면 당일 주가가 최근 기간 중에서 최저가에 근접하게 됩니다.

스토캐스틱의 계산

　스토캐스틱은 빠르게 움직이는 %K와 느리게 움직이는 %D, 이 2가지 지표가 기본 구성입니다. '느리게 움직인다'는 것은 '평균을 통해서 움직임이 완만해진다'는 것과 같은 의미입니다.

$$\text{Fast \%K} = \frac{(\text{당일 종가} - \text{최근 N일 중 장중 최저가})}{(\text{최근 N일 중 장중 최고가} - \text{최근 N일 중 장중 최저가})} \times 100$$

$$\text{Slow \%K(Fast \%D)} = \frac{(\text{당일 종가} - \text{최근 N일 중 장중 최저가의 3일 이동평균})}{(\text{최근 N일 중 장중 최고가} - \text{최근 N일 중 장중 최저가의 3일 이동평균})} \times 100$$

　여기에서 Slow %D는 'Fast %D의 3일 이동평균'을 말합니다.

　스토캐스틱을 계산하려면, 첫 번째로 Fast %K를 구합니다. 값을 구할 때 일반적으로 5일을 많이 사용합니다. 즉 5일간의 주가 변동대에서 오늘 주가의 위치를 확률적으로 보여줍니다. 중기매매를 위해서는 21을 사용하고, 이 기간을 길게 잡을수록 더욱 장기적인 관점에서 보는 것입니다.

　두 번째로 Slow %K(Fast %D)를 구합니다. Slow %K는 Fast %K를 평균하는 것으로, 일반적으로 3일을 사용합니다.

　세 번째로 Slow %D를 구합니다. Slow %D는 Fast %D를 다시 3일 이동평균한 값입니다.

　빠른 스토캐스틱 분석과 느린 스토캐스틱 분석 모두 사용할 수 있습니다. 다만 빠른 스토캐스틱은 불규칙하게 변동이 심해서 매매시점을 잡기가 어렵습니다. 그래서 일반적으로 실전에는 느린 스토캐스틱을 선호합니다. 여기에서도 주로 느린 스토캐스틱 위주로 설명을 드리겠습니다.

스토캐스틱의 해석

스토캐스틱지표의 해석은 다음과 같습니다.

- 20 아래 구간에서는 매수하고, 80 범위 위로 상승하면 매도신호로 봄
- %K선이 %D선을 상향돌파하면 매수하고, %K선이 %D선을 하향 돌파하면 매도함
- 다이버전스는 추세전환의 신호로 해석함

스토캐스틱의 활용전략

1) 과매수·과매도 수준 활용전략

%D의 값이 100에 근접하면 과매수 수준으로 보고, 0에 가까울수록 과매도 수준으로 판단합니다. 예를 들어 스토캐스틱이 25를 하회하면 매수하고, 75를 상회하면 매도합니다. 투자자에 따라 20과 80을 사용할 수도 있습니다.

과매수·과매도

과매수와 과매도 수준은 변동성에 따라 종목마다 다를 수 있고 투자자의 성향에 따라 역시 다를 수 있음. 보수적인 투자자라면 과매도를 25보다는 20으로 낮게 설정하고 매수 타이밍을 잡음

스토캐스틱 _ 대한항공

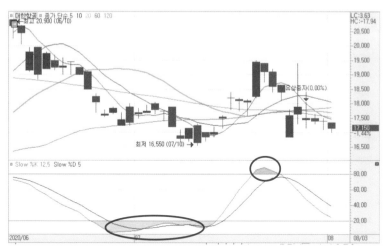

스토캐스틱이 초보투자자에게 유용한 점은 과매도 구간을 시각적으로 잘 알려주는 지표이기 때문입니다. 과매수나 과매도의 정도도 종목마다 조금씩 다를 수 있기 때문에 관심종목을 일정 기간 지켜보고 나서 실제 활용하는 것이 초보투자자에게 안전합니다.

보통 바닥구간에서는 파란색으로 보여주고, 천정구간에서는 빨간색으로 보여줍니다.

2) %K와 %D의 교차 활용전략

일반적으로 많이 사용하는 전략은 %K가 %D를 상향돌파할 때 매수하고, 하향돌파할 때 매도하는 것입니다. 이는 마치 단기 이동평균선이 장기 이동평균선을 돌파하는 골든크로스와 유사한 개념입니다.

5부 1장에서 모멘텀에 대한 설명을 드리면서 시그널과의 관계로 매매 타이밍을 잡는다고 말씀드린 바 있습니다. 비슷한 논리입니다. 시그널은 해당 지표를 이동평균한 것인데 %D와 같은 역할을 합니다.

%D

%D가 시그널선 역할을 하는 것처럼 기술적 분석의 원리는 유사한 점들이 많음

스토캐스틱 _ 아이씨디

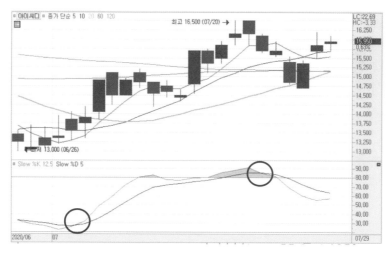

%K와 %D의 교차를 활용하는 전략은 단기 이동평균선과 장기 이동평균선이 교차할 때 매매하는 것과 같은 논리의 매매전략입니다. %K가 %D를 상향돌파할 때 매수하고, 하향돌파할 때 매도하게 됩니다.

3) 스토캐스틱 활용 시 주의할 부분

스토캐스틱은 추세가 없는 경우 좀 더 좋은 성과를 기록하는 경향이 있습니다. 즉 빠른 반전신호가 장점일 수도 있지만, 추세가 한 방향으로 진행될 경우 약간의 되돌림으로 지표가 방향을 바꿔 추세의 초기에 매도신호를 주기 때문에 주의할 필요가 있습니다.

어느 기술적 분석 지표들 역시 마찬가지이지만 하나의 보조지표만으로 매매를 완성하기에는 어려움이 많습니다. 스토캐스틱의 경우 매매신호가 자주 나오는 경향을 보이기 때문에 빠른 매매를 선호하는 분에게는 적절할 수도 있고, 추세적인 매매를 원하는 경우에는 지표에 들어갈 일수를 늘리는 것이 필요합니다.

스토캐스틱 보완

스토캐스틱과 함께 기본적인 5일과 20일 이동평균선은 꼭 고려해야 함. 특히 20일 이동평균선이 우상향을 유지한다면 매도하지 않고 기다려볼 필요가 있음

스토캐스틱 _ 하이트진로

스토캐스틱지표의 단점은 매매신호가 자주 나올 수 있다는 점입니다. 추세적인 상승에서는 스토캐스틱지표만을 활용하면 상승 사이클에서 수익을 일부만 챙길 수 있습니다. 다른 보조지표 및 중기 이동평균선의 흐름도 함께 고려해서 매매하는 것이 좋습니다.

    상승추세를 타는 경우 스토캐스틱은 지나치게 빠른 매도사인을 주게 되는 경우가 많습니다. 위 하이트진로의 차트에서도 %K가 %D를 상향돌파할 때 매수하는 것은 참 적절했지만, 하향돌파할 때 매도했다면 재상승 시 재매수로 대응하는 것은 초보투자자에겐 어려운 스킬입니다. 즉 장기적인 추세를 타는 종목은 아무래도 스토캐스틱은 빠른 매매를 유도하는 신호를 주기 때문에 주의가 필요합니다.

04
RSI의 개념과 활용법

RSI(상대강도지수, Relative Strength Index)는 추세의 강도를 백분율로 나타내므로 추세전환을 예측하는 데 유용한 지표입니다. 와일더(Wilder)가 개발한 이 지표는 추세의 강도를 퍼센트로 나타내므로, 상승추세라면 어느 정도 상승강도인지, 하락추세라면 어느 정도 하락강도인지를 보여줍니다. 직관적으로 이해가 빠르니 초보투자자도 사용하기에 쉬운 지표입니다.

RSI의 개념

RSI

RSI지표는 초보자도 접근하기 쉬운 지표이지만 기술적 분석 지표 중에서도 보편적으로 많이 사용되는 지표임

RSI는 추세가 가진 강도가 상대적으로 어느 정도인지를 알려주는 지표입니다. 추세의 강도를 백분율로 표시하므로 직관적으로 이해하기가 쉽습니다. 0에서 100까지 움직이도록 만들어진 일종의 진동지표로, 0에 가까울수록 하락의 추세가 강한 것이고, 100에 가까울수록 상승의 추세가 강한 것입니다. 일반적으로 30 이하면 과매도 구간으로, 70 이상이면 과매수 구간으로 해석합니다. 다만 도식적으로 RSI값으로 해석하기보다는 RSI가 움직이는 형태나 힘에 따라 과매수 구간에서도 단기적으로 매수할 수도 있고, 과매도 구간에서도 단기적으로 매도할 수 있으니 상황에 따른 훈련이 필요합니다.

RSI의 계산

RSI의 계산식은 다음과 같습니다.

$$RSI = 100 - \{ 100 / (1 + RS) \}$$

여기서 RS는 '(일정 기간의 상승폭 평균/일정 기간의 하락폭 평균)'으로 구합니다.

1단계로, 일정 기간 동안 전일의 종가보다 높은 것을 찾아 그 순증가분의 합계를 구해 상승분의 평균을 구합니다.

2단계로, 같은 방식으로 일정 기간 동안 전일의 종가보다 낮은 것을 찾아 그 순감소분의 합계를 구해 하락분의 평균을 구합니다.

3단계로, 종가 상승분 평균을 종가 하락분 평균으로 나누어 RS(상대적 강도)를 구합니다.

RS값이 크다는 것은 일정 기간 하락폭보다 상승폭이 크다는 것을 의미합니다. 일반적으로 일정 기간은 14일을 많이 사용하며, 9일과 25일도 사용합니다.

당연한 이야기이지만 기간이 짧을수록 지표는 민감하게 움직이고, 기간이 길어지면 둔감하게 움직입니다. 그래서 변동성이 큰 파생상품을 거래하는 분들은 분봉을 가지고 분석하기도 합니다.

파생상품

파생상품의 변동성이 큰 이유는 보증금만 걸고 투자할 수 있는, 즉 레버리지가 높기 때문임. 변동성이 큰 것은 장점이자 단점이 될 수 있음. 기술적 분석에서 변동성이 큰 기초자산을 다룰수록 지표를 산정하는 기간은 짧은 것이 합리적임

RSI의 해석

RSI 해석

과매도를 판정하는 것은 투자자마다 종목마다 다를 수 있음. 보수적인 투자자라면 좀 더 낮은 지수(30보다는 25)로 과매도를 판정함. 그만큼 매수신호는 적게 발생함

RSI가 30 이하이면 과매도 구간, 즉 매수시점으로 판단합니다. RSI가 70 이상이면 과매수 구간, 즉 매도시점으로 판단합니다. 투자자에 따라서는 25와 75값을 사용하기도 합니다.

RSI가 30 이하이거나 70 이상일 때 주가와 RSI가 반대로 움직이면, 이를 다이버전스라고 합니다. 다이버전스가 나오는 경우 추세전환의 신호로 봅니다.

50이 중간 기준선이며, 주가가 횡보하는 경우 RSI가 50 근처에서 움직이면 매매신호를 주지 못해 유용성이 떨어지는 단점이 있습니다. 이런 경우 RSI가 50%를 상향돌파하면 매수, RSI가 50%를 하향돌파하면 매도하는 식의 방법으로 매매할 수 있습니다.

RSI의 활용전략

1) 과매수·과매도 활용전략

RSI가 30% 밑으로 떨어지면 매수 포지션을 취하고, 70%를 넘어서면 매도 포지션을 취하는 방식이 가장 많이 사용되고, 초보투자자도 쉽게 적용할 수 있습니다. 시각적으로도 쉽게 찾을 수 있습니다.

다만 RSI는 천정과 바닥을 시각적으로 찾기 쉽다는 장점이 있지만, 주가가 횡보하는 경우에는 천정과 바닥이 형성되지 않을 수 있습니다. 이런 경우 RSI는 50을 중심으로 주가와 마찬가지로 횡보하므로 매매 신호를 찾기가 어려울 수 있습니다.

RSI _ 대우건설

RSI는 초보투자자도 많이 활용하는 지표입니다. RSI가 30 이하로 떨어지면 매수해서 70 이상에서 매도하는 전략은 단순하지만 활용도가 좋습니다.

위 차트의 오른쪽에서도 횡보구간에서는 천정과 바닥을 찾기 어렵습니다. 분할해 매수하거나 분할해 매도하는 경우라면, 50을 돌파할 때는 매수하고 50을 하향할 때 매도해 보유물량을 조절할 경우 응용할 수 있습니다.

2) 강한 상승이나 강한 하락 시의 활용전략

RSI가 70% 이상으로 높아질 때 과매수권으로 분류하는 것은 많이 올랐기 때문에 투자자가 이익을 실현하기 위해 매도에 나서는 사람이 많아지리라는 것을 염두에 둔 것입니다. 그런데 강한 호재가 있어 강한 상승이 나오는 경우나, 강한 악재가 있어 강한 하락이 나오는 경우에는 이렇게 기계적인 매매를 하는 것보다는 매매시기를 조절할 필요가 있습니다.

분할매수, 분할매도

포트폴리오 이론의 핵심은 분산하여 투자하면 위험(변동성)이 줄어든다는 것임. 종목을 분산하는 것뿐만 아니라 매매하는 시기도 분산하면 역시 위험이 줄어듦. 초보투자자라면 분할매수하고 분할매도하는 습관을 들이면 대박은 줄어들더라도 더 즐겁게 주식투자로 롱런할 수 있음

RSI _ 에이프로젠KIC

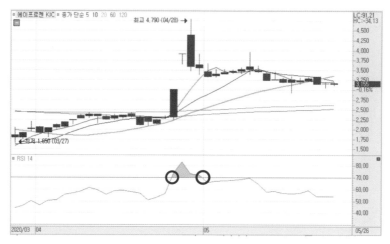

단기적인 급상승이 발생하는 경우와 추격매수하는 경우에도 RSI지표를 활용할 수 있습니다. RSI가 급등 후 70 밑으로 가면 매도타이밍을 잡을 수 있습니다. 급등은 급락을 부르는 경우가 많으므로 초보투자자는 조심스러운 접근이 필요합니다.

호재

기술적 분석을 하더라도 기본적인 재료, 즉 호재나 악재에 대해 고려하면서 매매해야 함. 호재나 악재의 성격에 따라 기존의 흐름과는 전혀 다른 상황이 발생할 수 있기 때문임

좋은 호재에 의해 강한 상승을 하는 상황이라면 RSI값이 70% 이상이어도 계속 상승하는 경우도 많습니다. 위 차트에서 보듯이 강한 상승으로 70이 도달해도 보유하다가 70을 하락돌파하는 시기에 매도하는 것도 좋은 대응입니다. 혹은 70이 넘어가면 일시에 매도하는 것이 아니라 분할매도하고 70이 하락하는 시점에서 남은 물량을 매도하는 것도 위험을 줄이면서 상승추세의 이익을 최대한 가져오는 좋은 방법이 됩니다.

주식시장의 그 어떤 지표도 100% 완벽한 지표는 없습니다. 여러분이 시장에서 매매하는 경험에 더해 부지런히 공부하면서 보완해가는 것입니다.

3) 다이버전스 활용전략

다이버전스(Divergence)는 주가는 상승해 오르고 있으나 RSI 지표는 전고점을 갱신하지 못하고 하락하는 형상으로, 이는 추세가 약화될 것임을 예고하는 것으로 해석합니다. 반대로 주가는 하락하나 RSI값이 상승하는 경우 상승추세를 예고하는 것으로 해석합니다.

RSI _ 녹십자셀

주가는 상승해 오르고 있으나 RSI지표는 하락하는 경우, 즉 다이버전스가 발생하면 추세가 약화될 것을 나타내는 것으로 해석합니다.

위 차트에서 보면 RSI값이 70을 돌파하지 못해 매도하지 않고 보유하고 있을 확률이 높습니다. 그런데 주가흐름은 나빠 보이지 않지만 RSI값이 하락하고 있음을 알 수 있습니다. RSI값은 종가를 사용하기 때문에 차트가 밀리지 않아 보이더라도 상승의 힘이 빠지고 있음을 숫자로 확인할 수 있게 됩니다.

이런 경우 완벽한 다이버전스가 아니더라도 분할매도로 대응하는 것이 그동안 벌어놓은 이익을 지키는 방법입니다. 물론 이후 추가상승으로 더 벌 수도 있겠지만 너무 욕심내지 말고 다른 투자자가 벌 기회도 남겨두는 것도 좋겠습니다.

05
CCI의 개념과 활용법

CCI(Commodity Channel Index)에 Commodity라는 단어가 쓰인 것은 원래 상품선물의 흐름을 파악하기 위해 만들어진 것이기 때문입니다. 분류하는 전문가에 따라 모멘텀지표로 혹은 추세지표 중 하나로 자주 쓰이는 CCI는 현재의 가격이 이동평균선과 어느 정도 멀리 있는지를 파악해 주가의 방향성을 측정하기 위해 개발된 지표입니다.

CCI의 개념

CCI(Commodity Channel Index)는 주가와 주가를 이동평균한 값의 편차를 내어 주가가 일정 기간의 평균값에서 얼마나 떨어져 있는가를 알아보는 지표입니다. 이동평균선과의 괴리도를 나타내는 이격도 개념과 유사하며, 과매수 구간(+100)과 과매도(-100) 구간을 순환해 움직이도록 만들어놓아 추세의 방향과 강도를 확인할 수 있는 지표입니다. 과매수 구간과 과매도 구간이 시각적으로 분명해 초보투자자도 직관적으로 쉽게 이해할 수 있는 지표입니다.

CCI

이동평균을 이용하므로 추세지표에 해당한다고 볼 수 있지만 실제 변동성지표로 활용을 많이 함. 여기서는 모멘텀지표에 포함했음

CCI의 계산

CCI 계산 방법은 다음과 같습니다.

$$CCI = \frac{(평균가격 - 이동평균가격)}{D \times 0.015}$$

평균가격은 '(고가+저가+종가)÷3'으로 구하며, 일봉일 경우 '당일 고가, 저가, 종가'의 평균값으로 계산합니다. 이동평균가격은 평균가격을 일정 기간 이동평균한 값입니다. D는 '(평균가격 - 이동평균가격)의 절대값의 일정 기간 이동평균'입니다.

일정 기간은 5일에서 25일 사이의 기간을 주로 사용하는데 9일, 14일, 20일을 많이 사용합니다. 일반적으로 9일 이하의 일봉차트는 단기 매매 시에 이용하고, 20일 이상 일봉차트는 중장기 매매를 할 때 이용합니다.

CCI의 움직임이 +100에서 -100 사이에서 이루어지도록 하기 위해 상수 0.015를 D에 곱합니다. 상수 0.015는 진동주기를 계산하는 값입니다.

기준선인 0선이 중요한 역할을 합니다. 주가가 이동평균선 위에 위치하면 CCI값이 플러스이고 이동평균선 밑에 위치하면 CCI값이 마이너스를 나타냅니다. 일반적으로 주가가 상승추세일 때 매매하는 것이 좋기 때문에 0선을 돌파하거나 0선 위에서 매매하는 것이 좋은데 초보투자자에게는 더 중요합니다.

CCI의 해석

CCI는 주가와 주가를 이동평균한 값의 차이를 가격의 평균편차로 조정한 것입니다. CCI값이 0이라는 의미는 현재 주가가 이동평균선에 수렴한다는 의미입니다.

- 0선을 기준으로 CCI가 0을 상향돌파하면 강세신호로 인식함 : 매수시점
- 0선을 기준으로 CCI가 0을 하향돌파하면 약세신호로 인식함 : 매도시점

CCI값이 +이면 상승추세이고, -이면 하락추세입니다. CCI값이 +100 이상이면 과매수 구간, -100 이하면 과매도 구간으로 판단합니다.

CCI값이 클수록 추세의 강도가 강합니다. 반면에 CCI값이 작을수록 추세의 강도가 약합니다.

CCI의 활용전략

1) 0선 돌파를 활용하는 전략

초보투자자도 사용하기 좋은 매매방법은 CCI가 0을 상향돌파하면 매수하고, 0을 하향이탈하면 매도하는 것입니다.

0선 돌파

실전에서는 0선을 위아래로 자주 진동하는 경우가 생김. 즉 0선을 기준으로만 매매를 하면 지나치게 잦은 매매신호가 나올 수 있으므로 추세지표와 함께 매매 타이밍을 잡을 필요가 있음

CCI 0선 돌파전략 _ 한미약품

CCI지표는 0을 기준선으로 사용합니다. 0을 상향돌파할 때 매수하고, 0을 하향돌파할 때 매도하는 것이 가장 기본적인 매매전략입니다.

2) 과매수·과매도 활용전략

보통 CCI가 +100 이상에서는 상승탄력이 커지고, −100 이하에서는 하락탄력이 커지는 성질을 이용하는 전략입니다. 단기적 관점에서 과매수 구간인 +100을 상향돌파하면 매수하고, 하향이탈하면 매도합니다. 반대로 과매도 구간인 −100을 하향이탈하면 매도하고, 상향돌파하면 매수합니다.

물론 과매수나 과매도의 기준도 상대적이며 투자자마다 다를 수 있습니다. 제약업종이나 IT장비업종과 같이 변동성이 큰 업종에서는 변동폭을 크게 잡아야 하고 베타 값이 낮은 종목은 변동폭을 좁게 잡는 것이 일반적입니다.

베타

시장민감도를 의미하며 시장변동성 대비 어느 정도 민감하게 반응하는가를 수치화한 것임. 베타값이 클수록 시장움직임 대비 크게 움직인다는 의미임

CCI 과매수·과매도 활용전략 _ 대림산업

CCI지표를 통한 과매도, 과매수 구간을 활용해 매매할 수 있습니다. 보통 +100과 −100을 기준으로 과매수 구간을 활용한다면 단기적으로 100 돌파 시 매수하여 100 하향 시 매도할 수 있습니다.

+100을 상향돌파하는 시점에서 매수하고, +100을 하향돌파하는 시점에서 매도합니다. 일반적으로 과매수를 활용하는 경우에는 단기로 대응하는 것이 좋습니다. 지표의 후행성 문제로 횡보하는 경우에는 좋은 성과를 기대하기 어려울 수 있으므로, 과매수 전략을 활용한다면 손절매 수준을 미리 정하고 매매에 임하는 것이 좋습니다.

3) 다이버전스 활용전략

주가는 하락하지만 CCI 지표가 상승하는 상승 다이버전스 발생 시 매수시점을 찾습니다. 반대로 주가는 상승하지만 CCI 지표가 하락하는 하락 다이버전스 발생 시 매도시점을 찾습니다.

손절매

예측과는 다르게 움직일 때 일정 범위를 정해 손실을 확정지어 매도하는 것은 손실 확대를 막는 지름길임

CCI 다이버전스 활용전략 _ CJ대한통운

주가는 상승추세이나 CCI지표는 하락하고 있다면 주가는 하락반전할 수 있다는 신호로 해석합니다.
다이버전스는 주가의 추세전환을 알리는 신호입니다.

주가는 상승추세이나 CCI지표는 하락하는 추세일 때, 즉 다이버전스가 발생했을 때 주가의 추세전환을 알리는 신호입니다. CCI가 0을 하향돌파하는 경우 매도로 대응하는 것이 좋습니다.

4) CCI의 한계와 보완 방법

CCI 지표는 변동성이 심해 중장기 추세매매를 할 때 적절한 매매타이밍을 잡기 어렵다는 의견이 있습니다. 하지만 0선을 돌파하는 것을 활용하는 매매전략은 차트분석의 초보자도 활용하기 쉬운 전략이므로 다른 보조지표와 함께 활용해보는 것이 좋습니다.

CCI는 기본적으로 +100에서 -100까지 움직이는데 +100을 넘어서면 과매수 구간으로 판단하고, -100을 넘어서면 과매도 구간으로 판단합니다. 그런데 급등하는 종목의 경우 이런 분석이 지나치게 빠른

0선을 돌파

실전에서는 0선을 기준으로만 매매하면 신호가 지나치게 자주 나올 수 있기 때문에 초보투자자는 0선 아래에 머물러 있다가 0선을 돌파하고 올라오는 경우 매수하는 전략이 적절함

164

매매타이밍을 잡게 할 수 있다는 점은 주의가 필요합니다.

추세를 추종하나 주가가 급등하는 경우에는 충분한 시세를 보지 못하고 과매수 신호에 매도로 대응할 수 있습니다. 엑세스바이오의 사례를 보시면 이해가 되실 겁니다.

CCI의 한계 _ 엑세스바이오

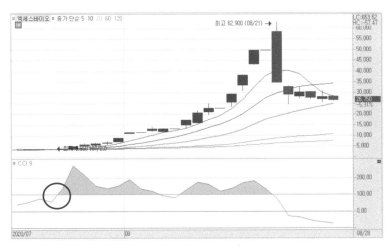

강한 호재를 가진 경우 기술적 분석 지표의 경고에도 불구하고 상승에 상승을 이어가는 경우도 종종 발생합니다. 그러므로 CCI지표만으로 과매수 구간인가를 판단하지 않고 시장상황 등을 복합적으로 판단해서 매매하는 것이 좋습니다.

횡보하던 주가가 호재를 만나 급등하자 바로 CCI지표 상 과매도 구간으로 들어갔지만, 이때 매도한다면 아마 잠을 못잘 정도로 후회할 수 있는 상황입니다.

항상 말씀드리지만 완벽한 차트분석 방법은 없습니다. 시장상황에 맞게, 호재나 악재의 정도에 맞게, 그리고 본인에게 맞는 방법을 지속적으로 찾아나가면서 연구해야 합니다.

RSI지표

> **Q** 다음의 차트와 RSI지표를 보고 적절하다고 판단되는
> 매수와 매도시점을 찾아보세요.

정답 및 해설

매수시점은 비교적 쉽게 찾을 수 있습니다. RSI지표가 30 수준에서 매수하면 됩니다. 그런데 매도시점은 기계적으로 70 수준에서 실행할 수도 있지만 추세를 보면서 매도를 하는 것이 유리합니다. 즉 상승추세가 살아 있다면 RSI값이 70을 넘을 때 매도하는 것이 아니라 70 수준을 가파르게 하향돌파할 때(두 번째 원)를 매도시점으로 잡는 것이 좋습니다.

Q 다음의 차트와 CCI지표를 보고
매수와 매도시점을 골라보세요.

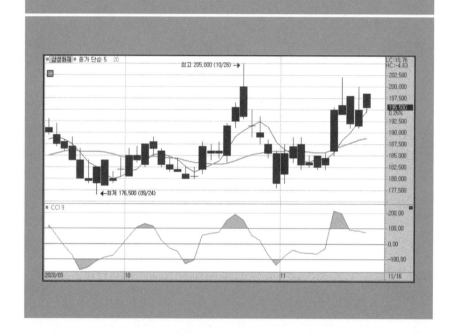

정답 및 해설

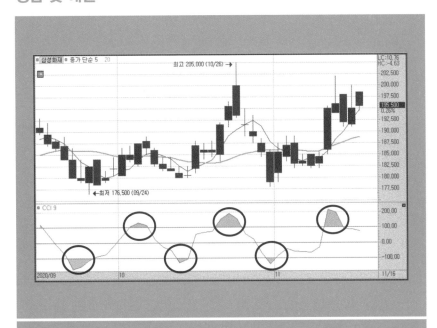

삼성화재와 같은 업종 대표주는 변동성이 중소형주에 비해 적습니다. 이런 경우 CCI 값이 그림에서도 보여주듯이 과매도 구간인 파란색 영역 근처에서 매수하고, 과매수 구간인 붉은색 영역 근처에서 매도하면 좋습니다. 위 차트에서는 세 번의 매수 후 역시 세 번의 매도신호를 어렵지 않게 찾으실 수 있습니다.

추세지표는 주가가 어느 방향으로 움직이는지를 알아보는 방법입니다. 주가는 어떤 방향으로 힘을 받아 움직이는데, 이를 거슬러 매매하면 성공하기 힘듭니다. 추세에는 상승추세, 하락추세, 횡보가 있고, 그 흐름에 맞춰 매매하는 것이 좋습니다. 추세에도 그 강도에 따라 맞는 대응이 필요합니다. 초보투자자의 흔한 실수 중 하나는 강한 상승세에서 어느 정도 수익에 만족해 빨리 매도하고, 반대로 강한 하락추세에서는 본전 생각에 매도를 주저하면서 손실을 키우는 것입니다. 추세를 효과적으로 파악하는 방법들을 살펴보도록 하겠습니다.

6부

추세지표,
이렇게
분석하면 된다

01
추세지표의 개념과 활용법

추세를 본다는 것은 흐름을 읽는 것입니다. 즉 가격과 같은 자료의 결과물이 만들어낸 흔적을, 시간에 따라 일정한 흐름을 발견해내는 것입니다. 이런 흐름을 읽으면 투자를 어떻게 할지 의사결정이 쉬워집니다. 추세분석을 위해 앞에서 이동평균선과 저항선, 지지선 등을 배웠습니다. 단순히 눈으로 보는 것이 아니라 이번 장에서는 정밀하고 다양한 추세지표들을 만나보겠습니다.

추세에 편승해야 하는 이유

주가는 불규칙하게 움직이지만 그 움직임으로 고점과 저점이 형성되게 되는데, 이를 통해 추세를 파악할 수 있습니다. 흔히 추세에 역행하는 투자는 성공확률이 낮다고 하는 것은 추세가 유지되는 습성 때문입니다.

매수라면 오르는 추세에 편승하는 것이 옳은 판단입니다. 반대로 하락추세라면 보수적으로 매매하는 것이 정답입니다.

다음은 미국의 나스닥지수 흐름입니다. 10년 정도의 흐름을 월봉으로 살펴본 것입니다.

나스닥

미국의 나스닥시장을 한국의 코스닥시장에 비유함. 주로 전통산업보다는 기술주가 많이 상장되어 있음

추세 _ 나스닥지수 월봉

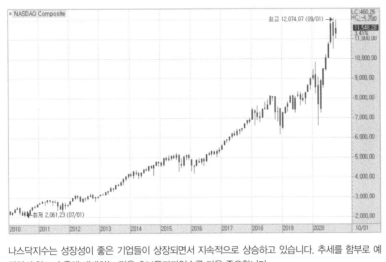

나스닥지수는 성장성이 좋은 기업들이 상장되면서 지속적으로 상승하고 있습니다. 추세를 함부로 예단하지 않고 순응해 매매하는 것은 초보투자자일수록 더욱 중요합니다.

　주식을 모르는 사람이라도 위 차트를 보면 저점이 계속 높아지면서 지속적으로 상승하고 있다는 것을 한눈에 알아볼 수 있습니다. 물론 중간에 하락하는 달도 있지만 전반적으로 상승하는 달이 훨씬 많고, 그 결과로 참으로 아름다운 상승을 보여줍니다.

　이런 시장에 투자한다면 중간에 다소 하락하더라도 기다리면, 초보 투자자라도 어렵지 않게 좋은 투자수익을 거둘 수 있으리라고 봅니다. 추세는 이렇게 때론 아주 단순하고 어려울 것이 없습니다.

　추세에 순응해야 확률적으로 높은 성적을 거둘 수 있습니다. 반대로 추세에 역행하면 제아무리 훌륭한 투자자라도 험난한 고생길이 되기 쉽습니다.

저항과 지지의 활용

이번에는 유가의 흐름을 통해 추세에 대해 좀 더 이해하도록 하겠습니다.

추세 _ 장기 유가흐름

기초자산의 가격흐름을 장기적으로 살펴보면 고점과 저점 그리고 일정한 가격대를 파악할 수 있습니다. 그러한 가격대가 바로 저항과 지지를 의미하는 것입니다. 과거의 가격대를 파악하고 매매하는 것은 매매의 기본입니다.

WTI

West Texas Intermediate의 약자로 WTI유는 서부 텍사스를 중심으로 미국에서 생산되는 원유를 말함. 세계 유가 변동의 기본이 되는 미국의 대표적인 원유임. 북해산 브렌트유와 중동산 두바이유와 함께 원유 3대 기준가격 중 하나임

위 차트는 대략 20년간의 WTI 기준 유가흐름입니다. 차트가 보여주는 대로 해석하면 됩니다.

2010년대에 들어서는 고점이 배럴당 100달러가 조금 넘는 수준임을 보여주고 있습니다. 다른 각도에서 보면 '100달러를 돌파하면 저항을 받겠구나'라고 생각할 수 있습니다. 그러다가 2015년을 지나서는 대략 30달러 수준이 저점이라는 것을 확인할 수 있습니다. 물론 코로나19 시국에 비정상으로 하락한 경우를 제외하면 말이지요. 그리고 고

점은 80달러에 조금 못 미치고 있습니다.

유가가 이렇게 안정적인 것은 셰일가스라든가 이런 영향들이 복합적으로 작용한 것이지만, 기술적 분석에서는 결국 가격의 흐름으로 파악하는 것이니 차트만으로 저항과 지지를 확인하면서 투자할 수 있습니다.

예를 들어 투자자는 유가 관련 상품에 투자할 때 '30달러 수준에 가까워지면 매수하고, 80달러 수준에 가까워지면 매도'한다는 식의 투자룰을 정할 수 있습니다. 꼭 주식투자를 하지 않더라도 경제에 유가가 미치는 영향이 적지 않은데, 어느 정도 유가의 흐름을 가늠하면서 의사결정을 하면 좀 더 옳은 방향으로 결정할 수 있을 것입니다.

추세지표의 대표주자는 단연 MACD입니다. 그외 투자자들이 자주 사용하는 추세지표들에 대해서 초보투자자도 이해할 수 있는 수준에서 살펴보도록 하겠습니다.

전문가에 따라서는 모멘텀지표와 추세지표의 분류가 조금씩 다르기도 합니다. 그런 이유로 지표의 분류에 대해서 너무 신경을 쓰기보다는 추세를 정확히 읽고 매매하는 기술을 익히는 데 집중하면 좋겠습니다.

셰일가스

셰일층에서 개발, 생산하는 천연가스를 말함. 일반적 의미의 천연가스보다 훨씬 깊은 곳에 존재하고 있으며, 수평시추를 통해 채굴하므로 채굴원가가 기존의 천연가스보다 높음

02
MACD의 개념과 활용법

학생의 성적추이를 파악할 때 여러 과목의 평균 움직임으로 파악하면 쉬운 것처럼 주가의 흐름도 이동평균으로 파악하면 추세를 더 쉽게 볼 수 있습니다. 그래서 추세를 파악하는 대표적인 지표가 MACD입니다. 이동평균선만으로는 매매타이밍을 잡는 것이 좀 늦어질 수 있기에 장기와 단기이동평균선의 만남과 헤어짐으로 매매타이밍을 잡는 방법을 함께 살펴보겠습니다.

MACD의 개념

MACD

기술적 분석 책을 보면 특정 지표의 장기와 단기의 선이 서로 어떤 형태를 보여주는지를 중요하게 분석한다는 것을 알 수 있음. 그 중에서도 가장 기본적인 것이 MACD임

MACD(Moving Average Convergence Divergence)는 Moving Average(이동평균), Convergence(수렴), Divergence(확산, 발산), 즉 이동평균의 수렴확산지수 정도로 표현할 수 있겠습니다.

MACD의 원리는 장기 이동평균선과 단기 이동평균선이 서로 멀어지게 되면(divergence) 언젠가는 다시 가까워져(convergence) 어느 시점에서 서로 교차하게 된다는 성질을 이용해 2개의 이동평균선이 멀어지게 되는 가장 큰 시점을 찾고자 하는 것입니다.

이 방법은 장단기 이동평균선의 교차점을 매매신호로 보는 이동평균 기법의 단점인 시차문제를 극복할 수 있는 장점을 지닙니다. 즉 이

동평균은 아무래도 현재의 주가보다 움직임이 평균화되어 뒤늦게 움직이는 특성이 있기 때문이며 이런 후행성을 보완한 것이 바로 MACD입니다.

MACD의 계산

MACD는 단기 이동평균선과 장기 이동평균선의 값의 차이로 두 이동평균선이 만나고 멀어지는 관계를 가지고 분석합니다. 여기서 MACD 선과 MACD 시그널선을 구해야 하는데 MACD는 단기적인 값이고, MACD 시그널은 보다 장기적인 값입니다.

시그널선을 구하는 이유는 어느 시점에서 2개의 이동평균선의 차이가 최대가 되는지를 찾기 위함입니다. MACD 선과 시그널선이 만나는 점이 단기와 장기 이동평균선의 괴리가 가장 큰 시점이 됩니다.

- MACD : 단기 이동평균-장기 이동평균
- MACD 시그널 : MACD의 N일 지수 이동평균
- MACD 오실레이터 = MACD-시그널선

MACD의 해석

MACD의 N일 지수 이동평균을 시그널선이라고 하며, MACD 선이 이 시그널선을 상향돌파할 때를 매수시점으로 해석하고, 하향돌파할

오실레이터

본래 의미는 진동을 나타내는데 기준값 대비 플러스인지 마이너스인지를 나타냄. 보통 플러스는 붉은색으로 마이너스는 푸른색으로 표시하여 위아래 진동을 하기 때문에 시각적으로 쉽게 파악할 수 있음

때를 매도시점으로 해석합니다. MACD 값이 음(-)에서 양(+)으로 전환하면 상승추세로의 전환으로 보고, 반대로 양에서 음으로 변하면 하락추세로의 전환으로 봅니다. 직접 차트를 보면서 이해하는 것이 빠르고 쉽습니다.

차트 설명

오실레이터가 0이 되는 곳이 MACD와 시그널선이 교차하는 순간임

MACD _ 영풍제지

MACD는 누구나 참고하는 기술적 지표입니다. MACD선이 시그널선을 상향돌파하는 점에서 매수하고, MACD선이 시그널선을 하향돌파하는 점에서 매도합니다.

위의 MACD 차트에서 12, 26, 9라고 적혀 있습니다. 12는 12일 단기 이동평균선이라는 의미이고, 26은 26일 장기 이동평균선이라는 의미이며, 9는 시그널곡선으로 MACD를 9일 이동평균선이라는 의미입니다. 오실레이터는 두 이동평균선의 차이를 0을 기준으로 보여줍니다.

기간은 투자자에 맞게 설정할 수 있습니다. 예를 들어 3개월 이상 혹은 연단위의 장기투자를 원한다면 좀 더 장기 이동평균선을 사용합니다. 일반적으로 별도 설정이 없다면 가장 많이 사용하는 기간으로

이 차트와 같이 설정되어 있습니다.

이 차트를 보면 MACD 선이 시그널선을 상향돌파하는 점에서(오실레이터가 0값에서 플러스로 전환) 매수하고, MACD 선이 시그널선을 하향돌파하는 점에서(오실레이터가 0값에서 마이너스로 전환) 매도합니다.

MACD의 활용전략

1) 기준선 활용전략

기준선인 0을 중심으로 MACD 곡선이 위와 아래 중 어디에서 움직이는지로 추세를 판단합니다.

- 기준선인 0을 중심으로 MACD 곡선이 위쪽에서 움직이는 경우 : 상승추세
- 기준선인 0을 중심으로 MACD 곡선이 아래에서 움직이는 경우 : 하락추세

2) MACD 곡선과 시그널곡선의 교차 활용전략

MACD 곡선이 시그널곡선을 상향돌파하는지 아니면 하향돌파하는지에 따라 매매합니다.

- MACD 곡선이 시그널곡선을 상향돌파 : 골든크로스이므로 매수
- MACD 곡선이 시그널곡선을 하향돌파 : 데드크로스이므로 매도

기준선 활용전략

오실레이터가 플러스인 상황에서는 매수 위주로 대응하고 오실레이터가 마이너스인 상황에서는 매도 위주로 대응함

골든크로스 중에서도 상대적으로 강한 의미의 골든크로스는 상승추세에서 나오는 골든크로스입니다.

MACD곡선이 시그널곡선을 상향돌파 _ 신성통상

기준선인 0을 중심으로 MACD곡선이 위쪽에서 움직이는 경우가 상승추세이며, 초보투자자일수록 상승추세에서 매매하는 것이 좋습니다. 이동평균선으로 보면 20일 이동평균선의 기울기가 +인 구간에서 매매하는 것이 안전합니다.

위의 MACD 차트를 보면 기준선인 0위에서 골든크로스가 발생했고, 단기에 강하게 움직였습니다. 기준선 아래보다는 상승추세가 살아있는 기준선 위에서의 골든크로스는 좀 더 유심히 살펴봐야 합니다. 그러면 20일 이동평균선도 조금씩이나마 우상향하는 추세였음을 함께 파악할 수 있습니다.

이번에는 하향추세에서의 MACD 차트를 살펴보도록 하겠습니다.

MACD곡선이 시그널곡선을 하향돌파 _ 현대건설

하락추세에서도 MACD는 유용합니다. 다만 기준선 아래, 즉 하향추세에서는 초보투자자일수록 매매차익을 거두기가 어려운 측면이 있습니다.

현대건설의 사례에서도 MACD 차트는 매우 유용합니다. 하락하더라도 일방적으로 하락하는 경우는 드물고, 주가가 파동을 만들면서 떨어지기 때문에 MACD 차트의 골든크로스와 데드크로스를 활용해 단기 차익이 가능합니다.

다만 하향추세에서는 골든크로스에 매수해서 데드크로스에 정확히 매도해도 매매차익이 크지 않은 경우가 많습니다. 즉 기준선 아래에서의 골든크로스는 아무래도 약한 매수신호라고 봅니다. 20일 이동평균선도 지속적으로 하락하고 있어 매매를 잘못 하다가는 소위 말하는 물리기가 쉽기 때문에 주의가 필요합니다.

물리기

손실이 깊어 매도하지 못하고 보유하는 상황을 말함. 초보투자자의 경우 물리게 되면 소위 말하는 물타기를 통해 매수단가를 낮추려고 하는데 이런 경우 오히려 손실금액을 키우는 경우가 자주 발생하니 주의를 요함

다이버전스

손실관리를 위해 초보자일수록 하락 다이버전스를 좀 더 주의 깊게 봐야 함. 주가가 오르는데 기술적 지표의 값이 하락한다면 매도 시기를 세심하게 살펴야 함

3) 다이버전스 활용전략

다이버전스의 개념은 간단합니다. 주가추세와 MACD 곡선이 반대로 움직이거나 움직임에 괴리가 생기는 것입니다.

상승형 다이버전스는 주가가 하락하거나 횡보하는데 MACD 곡선은 오히려 상승하는 경우입니다. 이런 경우 주가가 상승으로 반전할 수 있다는 신호로 해석합니다.

MACD 다이버전스 _ 하이트진로

주가추세와는 다른 MACD곡선의 움직임이 나오는 경우에는 주가가 반전할 수 있다는 신호로 해석합니다. 다른 지표들에서의 다이버전스 개념과 같습니다.

위 차트에서는 상승을 유지하던 주가가 횡보하고 있는데 MACD 곡선이 우하향하는 모습을 보여주고, 이후 주가가 하락으로 반전하게 됩니다.

다이버전스가 꼭 주가의 전환으로 나오는 것은 아니지만 주가와 반대로 MACD 곡선이 하향한다면 매도를 준비하는 것이 바람직합니다.

반대로 주가는 하락하나 MACD 곡선이 상승한다면 매수할 타이밍을 잡아보는 것이 좋습니다.

4) MACD 활용 시 주의할 부분

MACD 지표의 개념은 초보투자자에게 다소 복잡해 보이지만 크로스로 매수시점과 매도시점이 그림으로 바로 보여지기 때문에 그다지 어렵지 않게 사용할 수 있습니다. 다만 실전에서 투자할 때는 크로스가 애매하게 나오는 경우도 흔히 생깁니다.

크로스가 애매하게 나오는 경우 _ 삼성전자

우량주 매매를 할 때 MACD 활용은 좀 더 너그럽게 보고 매매해도 됩니다. 우량주는 간혹 매매타이밍을 놓치더라도 추후 기회를 주는 경우가 많기 때문에 지표가 살짝 무너지더라도 추세가 바뀌는 것인지 조금 기다리면서 파악해도 됩니다.

위 삼성전자 MACD 차트의 경우 골든크로스에서 매수시점을 잡는 것은 어렵지 않습니다. 다만 그 다음의 타원에서는 마치 데드크로스가 나올 듯하다가 다시 상승을 합니다. 초보투자자는 이런 경우 매도를 해야 하는지 결정하기가 쉽지 않습니다. 그래서 주식투자는 경험이 필요하고, 응용이 필요하게 됩니다.

일단 삼성전자와 같은 블루칩 주식을 매매할 때는 좀 더 기다려보는 여유를 가져도 된다고 봅니다. 게다가 차트를 보면 20일 이동평균선도 아직 아래로 방향을 잡지 않고 상향추세로 살아 있습니다. 기술적 분석이 중요하지만 영업이익률이 높아 배당도 많이 주는 우량주는 조금 밀리더라도 조금 더 여유를 가지고 지켜보는 것이 수익률을 높이는 경우가 많다는 점을 고려하시기 바랍니다.

MACD 지표와 오실레이터는 이동평균선의 후행성을 개선한 지표이지만 매매 신호가 좀 늦게 보여지는 경향이 있습니다. 또한 MACD는 주가가 횡보하는 경우에는 신호가 잘 보이지 않는 경우가 많습니다. 아무래도 추세지표의 대표지표이다보니 강도가 센 추세에서 더욱 정확도가 높다는 점을 유의해야 합니다.

단기적으로 추세가 형성되지 않을 때는 매수·매도신호가 혼재되어 틀린 신호가 종종 나오며, 초보투자자가 바로 투자하기가 쉽지 않을 수 있습니다. MACD 지표가 평균선을 활용하므로 주가의 단기적인 흐름보다는 중장기적인 방향성 결정에 유용한 지표라는 점을 염두에 두고 우량주 위주의 매매를 하면 초보투자자도 성공확률을 높일 수 있습니다.

배당

금전의 대차관계에서는 이자가 발생하며 주식투자에는 배당이 발생함. 갈수록 배당에 대한 관심이 높아지고 있음. 배당이 높은 종목이 더 높은 관심을 받게 될 것이라는 것과 같은 의미임

03
DMI의 개념과 활용법

상승추세에서 매수해야 성공확률이 높습니다. 반대로 하락추세에서는 실력이 좋아도 성공하기가 쉽지 않습니다. 그렇다면 현재 주가가 상승추세인지, 하락추세인지, 횡보국면인지 어느 국면에 있는지가 궁금해집니다. 그리고 그 추세의 강도도 확인할 수 있다면 더욱 의사결정이 쉬워집니다. 추세가 어떤 국면인지, 그 추세의 강도는 어느 정도인지 알려주는 지표가 바로 DMI입니다. 기술적 분석의 대가 웰레스 와일더(Welles Wilder)가 만든 지표입니다.

DMI의 개념

DMI(Directional Movement Index)지표는 주가의 방향성과 추세의 강도를 계량화한 지표입니다. 주가가 상승추세인지, 하락추세인지, 횡보하는지를 판단하는 데 활용합니다.

기본적인 지표의 아이디어는 시장이 상승추세일 경우 당일 고가가 전일 고가보다 높게 형성되고, 하락추세일 경우 당일 저가가 전일 저가보다 낮을 것이라는 것에서 시작합니다. 고점을 높여가는 것이 상승추세이며, 저점을 낮춰가는 것이 하락추세이므로 충분히 이해가 되는 논리입니다. 다만 와일더는 이것을 하나의 지표로 만들어낸 것입니다.

> **DMI**
>
> 경험이 많은 투자자는 DMI는 약세국면을 피하거나 저점을 잡는 데 유용하다고 함. 즉 위험관리에 매우 유용한 지표라는 의미임

벌써 어렵게 느껴진다고요? 걱정하지 마세요. 열심히 공부하고 실전을 겪으면 언젠가 여러분도 나만의 지표를 만드는 날이 올 것입니다.

DMI의 계산

DMI의 계산은 다음과 같은 4단계로 구합니다.

1) 1단계

+DM은 '당일 고가 – 전일 고가'로 주가의 상승에너지가 크다는 의미이고, -DM은 '전일 저가 – 당일 저가'로 주가의 하락에너지가 크다는 의미입니다. +DM과 -DM이 동시에 나타나는 경우에는 둘 중 큰 절대값으로 합니다. +, - 표시는 당일의 주가 움직임의 방향을 표시합니다.

2) 2단계

TR(True Range)은 주가가 실질적으로 날마다 얼마나 등락했는지 그 변동폭을 파악해 나타내는 지표입니다. 말 그대로 실제 범위의 평균인데, 이를 통해 주가가 단기간에 얼마나 빠르게 변했는지 알 수 있습니다. TR은 다음의 3가지 절대값 중 가장 큰 값입니다.

- 당일 고가 – 당일 저가
- 당일 고가 – 전일 종가
- 당일 저가 – 전일 종가

3) 3단계

DI(Directional Indicator)는 TR값 중 DM이 차지하는 비중을 나타냅니다. DI 계산식은 'DI = DM/TR' 입니다.

4) 4단계

DMI는 DM과 TR의 14일 이동평균값입니다. 14일은 고정된 값이 아니라 투자자가 변경할 수 있으며, 일반적으로 14일을 사용합니다.

DMI 계산이 좀 복잡하게 느껴질 수 있어 조금 더 설명을 드리겠습니다. DI+는 상승추세의 에너지라면, DI-는 하락추세의 에너지라고 할 수 있습니다. DI+의 경우 계산식이 '(당일고점 - 전일고점)'인데, 이 값이 플러스라는 의미는 고점을 높인 만큼 새로운 상승추세에 합류가 늘었다고 보는 것입니다. DI-는 이와 반대로 해석합니다.

구체적으로 예를 들면 전일 고점이 800원, 전일 저점이 600원이고 당일 고점이 1,000원, 당일 저점이 500원이라면 DI+는 200, DI-는 100이 되어 결국 DI 둘 중 절대값이 큰 DI+만 취합니다. 즉 절대값이 더 큰 쪽이 반대편을 이겨냈다고 보는 것입니다.

일반적으로 기간은 14일 이동평균을 사용합니다. 예를 들어 14일 중에 +DI가 30%이고 -DI가 40%라고 한다면, 14일 동안 상승추세는 30%이고 하락추세는 40%이며 나머지 30%는 횡보추세라고 보는 것입니다. 결론적으로 해당기간에는 하락에너지가 더 강했다고 보는 것입니다.

DMI의 해석

　DMI지표는 추세지표로 단기매매보다는 추세매매에 더 적당하다는 것이 일반적인 의견입니다. 단기매매를 선호하는 투자자에게는 신호가 늦다거나 이미 고점이나 저점을 지나서 매매신호가 나온다는 불평이 있기는 합니다.

　그런데 기본적으로 상승에너지가 큰 상황에서 매매한다면 성공확률을 높일 수 있다는 DMI지표의 기본적인 아이디어를 상기할 필요가 있습니다. 즉 DI+가 DI- 위에 있는 구간에서 주식매매를 한다면 일단 투자의 성공확률을 높일 수 있고, 급락의 위험을 피할 수 있다는 것입니다.

　이번에는 반대로 초보투자자에게 더 큰 의미가 있는 것은 하락에너

DMI _ 종합주가지수

DMI 지표는 주가가 상승추세인지 아니면 하락추세인지 혹은 횡보하는지를 보여줍니다. 이를 활용하여 주식시장이 어느 상황인지 파악하면서 매매하면 좋습니다. DI+선이 DI-선을 하향돌파한다는 구간에서는 하락에너지가 더 강하므로 매매를 보수적으로 판단해야 합니다.

지가 강한 장세를 피하는 것입니다. 2020년 코로나19 사태와 같은 극심한 약세장을 예로 들어보겠습니다.

코로나19 사태와 같은 엄청난 위기는 초보투자자에게는 경악할 만한 위기이면서 반드시 피해야 할 투자시기입니다. DI+선이 DI−선을 하향돌파한다는 것은 하락에너지가 상승에너지를 넘어선다는 의미이므로 매도로 대응할 시점이라는 뜻입니다. 이때 보수적으로 자신의 포트폴리오를 관리했다면 코로나 사태의 위기를 잘 피할 수 있게 되는 것입니다. 이런 추세적인 부분들에서 DMI지표는 매우 큰 의미가 있습니다.

반대로 DI+선이 DI−선을 상향돌파하는 부분에서 매수로 대응해야 하는데, 이 신호는 좀 늦게 나온 측면이 있습니다. 뒤에 설명드릴 ADX와 함께 살피면서 매매타이밍을 잡으면 좀 더 정교하게 매매할 수 있습니다.

일단 초보투자자가 명심할 사항은 상승에너지가 더 큰 상황에서 매매하고, 하락에너지가 더 큰 상황은 피하자는 것입니다. 매매할 종목은 많습니다. 초보투자자가 굳이 어려운 상황에서 무리하게 매매할 필요는 없습니다.

DMI의 활용전략

기본적으로 DI+선이 DI−선 위에 있거나 상향돌파할 때 매수하면 됩니다. DMI의 활용전략은 간단합니다.

DMI _ 삼성생명

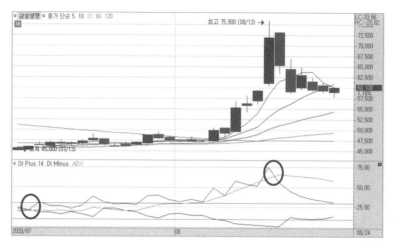

DI+선이 DI-선을 상향돌파하면 매수하고 DI+선의 추세가 꺾이는 시점을 매도시점으로 설정하여 매매하면 좋습니다.

위 차트에서는 왼쪽에서 보면 횡보하지만 에너지가 모이고 있고 결국 시세가 강한 상승세를 보여주게 됩니다. 이를 DMI는 비교적 빠르게 잡아내고 있습니다.

다만 매도타이밍은 DI+선이 DI-선을 하향돌파하기까지 기다리면 늦어지는 상황입니다. DI+선이 상승하는 동안은 기다리고 DI+선이 급격히 약화되는, 즉 상승에너지가 꺾이는 시점을 매도시점으로 잡고 이익을 실현하는 등, 실전매매에서는 좀 더 본인의 스타일에 맞게 가다듬어 사용할 필요가 있습니다.

DMI는 따지면 별거 아닐 수 있지만 초보투자자 입장에서는 복잡하고 신호가 늦거나 명확하지 않다는 점 때문에 뒤에 설명드릴 ADX(average directional movement index)와 함께 살펴보거나 다른 보조지표들과 함께 사용하는 것이 좋겠습니다.

ADX

DMI지표는 추세의 강도를 나타내는 ADX와 함께 활용하는 것이 일반적임

04
ADX의 개념과 활용법

ADX(Average Directional Movement Index)는 DMI와 단짝 친구처럼 함께 분석하는 지표입니다. HTS에서 기술적 지표로 DMI를 선택하면 ADX가 함께 보이는 것이 일반적입니다. ADX는 추세의 강도를 측정하는 데 유용하기 때문에 추세의 방향을 파악하는 DMI와 함께 분석하면 좋습니다. 추세가 강하다면 추세를 거스르지 않고 즐겨야 합니다. 다만 추세의 방향이 아닌 추세의 강도만을 나타내는 지표이므로 다른 지표와 함께 사용하는 것이 좋습니다.

ADX의 개념

ADX는 Average Directional Movement Index라는 말처럼 DX를 이동평균한 것입니다. 추세가 과연 유효한지 확인하기 위해 추세의 강도를 체크하는 것입니다.

DX는 +DI이건 −DI이건 그 값이 커지면 올라가고 작아지면 내려갑니다. ADX는 그 DX값을 이동평균하게 됩니다. 예를 들어 +DI가 −DI를 상향돌파한다면 매수신호로 해석하나 이를 더 확인하기 위해 ADX값을 체크합니다. 또한 ADX값이 20에서 30 정도가 되면 좀 더 확실한 상승임을 알 수 있습니다.

ADX

ADX지표는 상승이나 하락의 개념이 아닌 추세의 강도를 나타내므로 해석에 주의해야 함. 예를 들어 하락하는 상황에서 ADX 값이 높아지면 상승전환이 아니라 하락이 더 강해지고 있다는 의미임

ADX의 계산

1) 1단계

우선 DX를 구해야 합니다. DX 계산식은 다음과 같습니다.

$$DX = \frac{(+DI) - (-DI)}{(+DI) + (-DI)} \times 100$$

여기에서 '(+DI)−(−DI)'는 절대값을 취합니다.

2) 2단계

ADX는 DX의 N일 이동평균입니다. N일은 주로 14일을 사용합니다. ADX는 +DI와 −DI의 차이를 평균한 것이므로 둘의 차이가 클수록 값이 증가합니다.

예를 들어 +DI가 40, −DI가 30이라면 DX는 '10/70×100'으로 계산해 14가 나옵니다. 만약 +DI가 40, −DI가 20이라면 DX는 '20/60×100'으로 계산해 33이 나옵니다.

즉 DX의 값은 +DI든 −DI든 값의 차이가 커지면 올라가고, 두 폭이 좁아지면 낮아집니다. 추세의 강도를 말하는 것입니다. ADX는 이를 평균한 것입니다. ADX지표가 오른다는 것은 오르는 방향 혹은 내리는 방향의 힘이 강해진다는 것을 의미합니다.

ADX의 해석

ADX가 상승하면 추세가 더 강해진다는 의미입니다. 반대로 ADX가 하락하면 추세가 더 약해진다는 의미입니다.

따라서 ADX가 상승할 때는 그 추세에 따른 매매를 해야 합니다. 주가가 오르는 추세라면 상승을 더 지켜볼 수 있는 것이고, 주가가 하락하는 추세라면 매도 후 기다리는 것이 좋습니다.

반대로 ADX가 하락할 때는 기존의 추세가 약화되고 있다는 의미입니다. 주가의 방향성도 흔들리고 있다는 것이니 매매에 신중을 기해야 합니다. 대신 앞으로 어떤 추세가 새로 형성될지 잘 지켜봐야 합니다. 추세가 약해진다는 것은 매수세력과 매도세력의 힘겨루기가 팽팽하다는 의미이면서 한편으론 추세의 전환이 생길 수 있다는 것을 나타내는 것이기도 합니다.

ADX가 DX값의 이동평균이기도 하므로 지표값의 성격상 단기적인 흐름보다는 추세적인 흐름을 보여주게 됩니다. 즉 단기적으로 ADX를 활용하기보다는 좀 더 추세적인 관점에서 매매에 활용하는 것이 적합합니다.

ADX의 활용전략

1) +DI와 -DI의 크로스 시 ADX 활용전략

+DI와 -DI의 크로스를 활용하는 매매 시 ADX를 활용하면 좀 더 정교한 매매가 가능해집니다.

+DI와 −DI의 크로스 시 ADX 활용전략 _ 엑셈

ADX지표가 오른다는 것은 오르는 방향 혹은 내리는 방향의 힘이 강해진다는 것을 의미합니다. 상승추세라면 ADX지표의 상승추세가 꺾이는 부분에서 매도하면 좋습니다.

위 차트의 왼편에서 ADX가 지속상승하면서 추세의 강도가 강한 모습을 보여줍니다. 즉 하락추세이므로 하락이 강하게 진행되었습니다. ADX가 정점을 지나서 +DI와 −DI가 교차하는데(골든크로스), 여기가 매수타이밍이 됩니다. +DI가 −DI를 상향돌파하면 매수하고, 이후 ADX가 상승하므로 상승추세를 타고 보유합니다.

다시 ADX가 정점을 지나고 +DI와 −DI가 교차(데드크로스)하는데, 이때는 −DI가 +DI를 상향돌파했으므로 매도타이밍이 됩니다. 다만 +DI와 −DI의 데드크로스는 시장추세의 전환에 후행하는 경우가 많습니다.

이때 ADX의 변곡점(붉은색 타원)에서 매도타이밍을 잡으면 좀 더 높은 수익을 거둘 수 있습니다. 물론 실전에서는 이 타이밍을 잡는 것이 결코 쉬운 일은 아닙니다. 아는 것만으로는 부족하고, 실전 경험이 충분히 쌓여야 합니다.

변곡점

차트에서 굴곡의 방향이 바뀌는 자리이며 수학적으로는 미분값이 0이 됨

2) ADX 30 이상에서 추세유지 시 활용전략

ADX가 +DI와 −DI 밑에서 유지되는 기간이 길면 반대로 반등할 때 강하게 반등하는 경우가 많습니다. 일반적으로 ADX가 상승해서 30 이상으로 움직이면 추세가 형성된 것으로 봅니다. 추세가 형성되면 그 추세에 따른 매매를 해야 합니다. ADX가 30 이하로 하락하며 +DI 와 −DI 선이 얽히게 되면 그땐 추세의 변화가 생겼다고 판단할 수 있습니다.

ADX 30 이상에서 추세유지 시 활용전략 _ 삼성에스디에스

ADX가 상승해 30 이상으로 움직이면 추세가 형성된 것입니다. 반대로 ADX가 30 아래로 하락하면 추세가 흔들린다는 의미이므로 상황에 맞춰 매매타이밍을 잡아야 합니다.

위 차트를 보면 하락추세가 꺾이고 골든크로스가 발생해 이 점에서 매수를 실행하면, 이후 ADX가 30 이상으로 상승하며 추세를 형성하고 있습니다.

이후 다시 ADX가 30 아래로 하락하면서 +DI와 −DI가 함께 혼재한 상황, 즉 추세가 약화되고 있습니다. 매도타이밍을 잡으면 좋을 순간이 되는 것입니다.

DMI지표와 ADX지표는 추세와 추세의 강도를 알려주는 지표입니다. 후행성을 보인다는 단점이 있지만 초보투자자일수록 '투자수익을 위해 상승추세에서 매매해야 한다'는 단순하고도 중요한 원칙을 준수하기 위해서 꼭 필요한 지표입니다. 반대로 시장의 에너지가 약해지는 추세를 피할 수 있게 하는, 즉 소중한 투자금을 지킬 수 있는 지표이기도 합니다.

05
이격도의 개념과 활용법

이격도란 주가와 이동평균선이 얼마나 멀리 떨어져 있는지 지표화한 것입니다. 멀어질수록 다시 만나려 하는 힘이 강해지고, 만나면 다시 멀어지면서 주가는 움직입니다. 기술적 분석에서 '이격도'는 매우 중요하지만 그리 어렵지 않으므로 꼭 숙지해야 합니다. 실전에선 상승추세인지 횡보추세인지 하락추세인지에 따라, 대상지수가 무엇인지에 따라 상황에 맞게 사용해야 합니다.

이격도의 개념

이격도라고 부릅니다만, 이격도를 정확히 표현하자면 이격률로 부르는 것이 맞습니다. 주가와 이동평균선 간의 이격 정도를 백분율로 표시해 투자에 참고하는 것입니다.

주가는 이동평균선에서 멀어지면 다시 회귀하고, 이동평균선에 붙었다가 다시 멀어지는 속성을 가집니다. 그래서 주가가 이동평균선으로부터 지나치게 높아지면 매도로 대응하고, 반대로 지나치게 낮아지면 매수로 대응합니다.

이격도의 계산

이격도의 계산식은 다음과 같습니다.

$$이격도 = (주가 / N일\ 이동평균지수) \times 100$$

이동평균지수는 20일 이동평균선과 60일 이동평균선을 가장 많이 사용합니다.

이격도의 해석

이격도 해석

이격도는 종목마다 다양하게 발생할 수 있기 때문에 종목의 특성에 따라 유연하게 평가하는 것이 좋음

이격도의 기본적인 해석 방법은 다음과 같습니다.

- 이격도 100% 이상 : 주가는 이동평균선보다 높게 형성
- 이격도 100% 이하 : 주가는 이동평균선보다 낮게 형성
- 이격도 92~98% 이하 : 과매도 상태이므로 매수
- 이격도 102~108% 이상 : 과매수 상태이므로 매도

대세 상승국면인 경우 이격도가 더 높게 나오며, 대세 하락국면인 경우 이격도가 더 낮게 나오는 경우가 많으므로 상황에 따라 적용해야 합니다. 대상지수가 종합지수인 경우 진폭이 더 적고 개별종목의 경우 진폭이 더 다양하게 나타나므로 개별종목의 경우 종목 가격변동성을

반영해야 합니다. 일반적으로 20일 이동평균선을 많이 사용하나 60일 이동평균선의 경우 변동폭을 3~5% 정도 더 넓게 잡습니다.

이격도의 활용전략

1) 지수나 우량주 위주로 이격도 활용전략

보통 이격도는 95%에서 105% 정도를 잡고 매매할 수 있습니다. 주로 지수나 우량주 위주로 이격도를 활용하는 경향이 있습니다. 변동성이 큰 종목은 이격도가 큰 차이를 보이기 때문에 과매수 구간이나 과매도 구간을 가늠하기가 쉽지 않을 수 있기 때문입니다.

아래 차트에서는 기아차를 대상으로 이격도를 20일과 60일 이동평

우량주 위주로 이격도 활용전략 _ 기아차

이격도는 MACD와 함께 자주 사용하고 언급되는 기술적 지표입니다. 이격도 92~98% 이하에서 매수하고, 102~108% 이상에서는 매도로 대응하는 것이 일반적입니다.

이격도 활용

변수가 많은 소형주보다 이격의 편차가 적은 대형주가 이격도를 활용하기가 좋음. 특히 초보투자자에게 대형 우량주가 더 적합함

균선에 적용해본 것입니다. 주로 20일 이동평균선을 사용하며 95% 수준에서 매수해 105%에서 매도하게 되는데, 상승추세에서는 105%보다 좀 더 높게 잡을 필요가 있습니다. 그래서 실전매매에서는 차트의 두 번째 원에서 매도하기보다는 추세가 유지되면 보유하고 상승탄력이 약화될 때 수익을 실현하는 것이 좋습니다.

이격도는 종합주가지수처럼 변동성이 안정적인 경우에 흔히 사용합니다. 다음은 종합주가지수에 이격도를 적용한 경우입니다.

차트 설명

초보투자자는 종합주가지수를 거래하는 ETF나 ETN을 매매할 때 이격도를 활용하면 좋음. 다만 단기투자하기에는 변동성이 적음

지수 위주로 이격도 활용도전략 _ 종합주가지수

개별종목의 경우 이격도는 편차를 보이는데, 종합주가지수에 이격도를 적용해 종합주가지수 관련 상품을 매매하는 데 활용하면 좋습니다. 역시 이격도 92~98% 이하에서 매수하고, 102~108% 이상에서는 매도로 대응하는 것이 일반적입니다.

위 차트에서 이격도가 95% 수준에서 매수하고 105% 수준에서 매도하면 괜찮은 수익을 볼 수가 있습니다. 다만 단기매매에 지수 관련 상품은 매매신호가 자주 나오지 않아 적절치 않을 수 있습니다. 초보투자자라면 오히려 종합주가지수는 장기적으로 우상향하는 경향이

강하므로 투자자산의 일부는 이렇게 지수의 이격을 활용하는 매매를 하면 상대적으로 잃을 확률이 낮아집니다.

2) 이격도 활용 시 주의할 부분

이격도를 활용해 매매하는 경우 주의할 점이 있습니다. 주가의 높은 상승이 이뤄지더라도 계단을 오르는 경우처럼 꾸준히 오른다면 생각처럼 이격도는 높지 않다는 것입니다. 앞에서도 말씀드렸지만 이격도는 기초가 되는 지수나 가격이나 상황에 따라 탄력적으로 적용해야 합니다.

아래 차트에서 보듯이 미국의 주가는 2020년 코로나19 사태 이전까지 상승구간이 길고 꾸준한 경향을 보였습니다. 이런 경우에는 상승이

이격도의 탄력적인 적용 _ S&P500

추세적 상승장에서는 기계적으로 이격도를 적용하지 않고 추세를 따라 매매하는 것이 좋습니다. 20일 이동평균선이 우상향이 꺾이는지 함께 확인해서, 살아 있다면 보유하는 전략이 유효합니다.

매우 컸지만 이격도는 102%를 조금 상회하는 수준이며, 만약 98%에 매수해서 102%에 매도한다면 이후의 상승분은 그냥 지켜보게 될 수 있습니다. 이런 상승장에서는 생명선인 20일 이동평균선이 우상향으로 살아 있다면 도식적으로 이격도를 적용하지 않고 추세를 따라 보유하는 전략이 유리합니다.

　어떤 기술적 분석 지표도 완벽한 것은 없습니다. 확신이 없다면 여러 지표도 함께 살피고 분석하는 습관을 가져야 주식계좌가 풍성해집니다.

06
ROC의 개념과 활용법

ROC는 간단하면서도 명확한 지표로 초보투자자가 활용하기에 좋은 지표입니다. 개념도 쉽고, 기준선도 0을 중심으로 매수시점과 매도시점을 그다지 어렵지 않게 파악할 수 있습니다. 간단하지만 꽤 괜찮은 매매신호를 주는 유용한 지표입니다. 어렵고 복잡한 지표보다 단순명료한 ROC만으로 훌륭한 매매타이밍을 잡아보도록 합시다.

ROC의 개념

ROC(Rate of Change)를 좀 더 정확히 말하면 Price Rate of Change 라고 해야 합니다. ROC는 과거 일정시점 가격에 대비해 현재가격의 변화율을 백분율로 나타낸 것으로, 추세반전을 찾는 지표입니다.

ROC는 현재 주가와 N일 전의 주가를 비교하여 그 차이가 어느 정도인지를 알려주게 됩니다. 거래량으로 분석할 수도 있는데 여기서는 가격을 통한 지표를 설명합니다. N일 전의 과거시점과 현재의 주가를 비교하여 주가가 하락추세인지 상승추세인지, 강도는 어느 정도인지 파악하게 됩니다.

ROC의 계산

ROC의 계산식은 다음과 같습니다.

$$ROC = \frac{\text{현재 종가} - N\text{일 전 종가}}{N\text{일 전 종가}} \times 100$$

N은 일반적으로 12일을 가장 많이 사용합니다. 단기로는 5일에서 14일 사이를 사용합니다(12일 혹은 14일을 주로 사용). 중기로는 25일에서 28일 사이를 사용합니다(25일을 주로 사용).

ROC의 해석

기준선인 0을 기준으로 파악합니다. 예를 들어 ROC가 기준선 위 10이라면 14일 전 주가보다 10% 높다는 의미가 됩니다. 반대로 -10이라면 10% 하락한 것입니다.

기준선을 중심으로 ROC가 0보다 위면 상승추세이고, 0보다 아래면 하락추세입니다. 0에서 멀어질수록 주가의 변동폭은 크고, 0에서 가까울수록 주가의 변동폭은 작습니다.

ROC의 활용전략

1) ROC의 0선 돌파에 따른 활용전략

기준선을 중심으로 ROC가 0을 돌파하면 추세반전을 의미합니다. 구체적인 매매전략은 심플합니다.

- ROC가 0선을 상향돌파 : 매수
- ROC가 0선을 하향돌파 : 매도

ROC지표는 상당히 단순명료해서 좋습니다. 지표 그림도 매우 심플합니다.

ROC _ 금호타이어

ROC지표가 기준선인 0을 상향돌파할 때 매수하고, 기준선인 0을 하향돌파할 때 매도하는 전략이 가장 기본적인 ROC지표 활용전략입니다.

앞의 차트를 보면 ROC지표가 기준선인 0을 상향돌파할 때 매수하고, 기준선인 0을 하향돌파할 때 매도합니다.

2) 다이버전스 활용전략

주가의 고점은 높아지는데 ROC지표는 반대로 하향추세를 보일 때, 이를 다이버전스라고 해서 추세전환의 신호로 파악합니다.

3) ROC 활용 시 주의할 부분

ROC는 단순명료해서 좋지만 기준선 근처에서 변동이 크지 않을 때 불명확한 신호를 자주 주기 때문에 조심할 필요가 있습니다.

애매한 ROC 매수신호 _ 인포바인

ROC는 기준선 근처에서 변동이 크지 않을 때 불명확한 신호를 자주 주기 때문에 조심해야 합니다. 이동평균선의 추세나 시장상황을 함께 분석하면서 매매할 필요가 있습니다.

위 차트에서는 주가가 횡보 후 하락하고 있는데 애매한 매수신호가 두 번 나오게 됩니다. ROC지표에서 주의할 점이 있습니다. 기준선 근처에서는 미약한 매수·매도 신호가 자주 나올 수 있다는 점을 조심해야 합니다. 이런 경우에는 20일 선의 기울기가 상승추세로 전환되는지 확인해보면서 매매에 임해야 합니다. 세 번째 기준선 돌파를 보면 앞선 두 차례의 기준선 돌파와는 다르게 밑에서 올라오는 힘이 세보이는 좀 더 가파른 기울기를 가지고 있습니다.

망설이다가 기차를 놓치듯이 이번에는 반대의 경우를 살펴보겠습니다.

기준선에서 위, 아래 돌파가 모호 _ 모나미

잠잠하던 주가가 단기에 움직이게 되면 ROC지표의 신호가 늦게 나오거나 초기에는 미약한 신호를 줄 수 있습니다. 다른 보조지표와 함께 분석해서 매매하는 것이 좋습니다. 물론 기본적으로 기본선 0 위에서 매매하면 실수가 줄어듭니다.

위 차트에서는 기준선에서 위로의 돌파가 모호해 명확히 매수 포인트를 잡기 힘들 수 있습니다. 그러므로 이동평균선이 정배열을 잡아가는 것을 보고 매수에 나서는 것도 하나의 방법입니다.

매수를 잘한 경우에도 기준선을 하향돌파하는 경우 매도하면 고점 대비 신호가 늦게 나와 수익률을 꽤 반납해야 할 수도 있습니다. 이동 평균선이 정배열에서 얽히면서 역배열로 전환될 때 매도에 나서는 것도 방법입니다.

실전에서 매매하는 경우에는 역시나 하나의 지표만을 의지하는 것은 부족할 수 있다는 점을 항상 염두에 둬야 합니다. 초보투자자도 사용하기 쉬운 ROC지표이지만 실전에서는 다양한 가능성을 두고 여러 지표와 함께 분석해보면서 매매하시기 바랍니다.

MACD지표

Q 다음의 차트와 MACD지표를 참고하여
매수와 매도시점을 찾아보세요.

정답 및 해설

MACD가 시그널을 상향돌파하는 시점에 매수하고 하향돌파하는 시점에 매도합니다. 다만 결정이 어려운 구간이 네모박스 구간입니다. MACD와 시그널이 혼재되어 특별한 매매신호를 보이지 않고 있어서 결정이 어려울 수 있습니다. 이런 경우 추세적인 부분을 살펴야 합니다. 20일 이동평균선이 다치지 않고 살아있으며 MACD도 하향하지 않고 미세하지만 우상향으로 유지되고 있습니다. 이런 구간에서는 보유를 유지하는 것이 좋습니다. 오른쪽 원에서 보듯이 확실하게 MACD가 시그널을 하향돌파할 때, 5일선이 20일선을 하향돌파할 때 매도하면 됩니다.

이격도

다음 차트와 이격도를 고려하여
매수와 매도시점을 찾으세요.

정답 및 해설

이격도는 얼마나 평상시와는 다르게 멀어져 있는가에 대한 정도입니다. 종목마다 다르며 시황마다 다르지만 이격도 90 수준에서 매수하고 110 수준에서 매도하는 것이 적절합니다. 좀 더 부연하자면 5일선과 20일선 간의 크로스보다는 이격도가 좀 더 빠른 신호를 주는 것을 알 수 있습니다. 그래서 다음 차트도 같이 살펴보면 좋겠습니다.

정답 및 해설

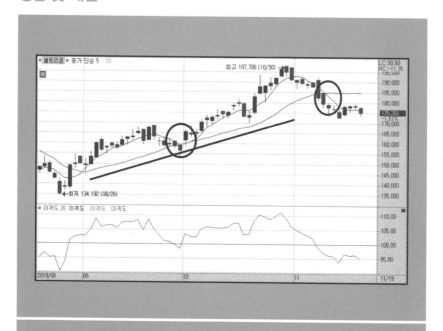

같은 종목이나 20일선이 우상향하는, 즉 추세적으로 살아 있는 경우에는 첫 번째 원에서처럼 이격도가 다소 하락하더라도 기다릴 필요가 있습니다. 추세적인 상승기에는 5일선이 20일선을 하향돌파가 명확해질 때까지 기다린 후 매도(오른쪽 원)하면 상승기의 수익을 좀 더 누릴 수 있습니다.

비록 기타지표에 묶였지만 엘리어트파동이나 일목균형표 등은 기술적 분석 전문가들에게는 빼놓을 수 없는 매우 유명하고 중요한 분석기법입니다. 다소 어려울 수 있지만 초보투자자 수준에서 꼭 이해해야 할 부분까지는 공부해보시기를 권합니다. 아울러 시장동향지표도 초보투자자는 꼭 체크하면서 실전에 임해야 합니다. 수많은 지표 중에 언제나 시장을 맞추는 지표는 없습니다. 시장은 생물처럼 변화무쌍하고 상황에 따라 요동을 치기 때문에 기본에 충실하되 경험을 쌓아 응용력을 키워나가야 합니다.

7부

기타지표,
이렇게
분석하면 된다

01
일목균형표의 개념과 활용법

일본인 일목산인(一目山人)이 본인 이름을 따서 만든 일목균형표는 좀 복잡하고 어려워도 매우 흥미로운 지표입니다. 시간개념도 포함된 통계적 분석을 통해 개발된 일목균형표는 여러 자료를 묶어 보여주므로 어지럽게 보이는 것이 당연합니다. 그러나 일목균형표를 모르고는 기술적 분석을 안다고 할 수 없을 만큼 많은 전문가들이 사용하는 지표이기도 합니다.

일목균형표의 개념

일목균형표라는 말 자체에서도 많은 힌트를 얻을 수 있습니다. 두 단어의 뜻을 잘 헤아리면 됩니다.

'일목(一目)'이란 말은 한눈에 파악한다는 의미가 있습니다. 이 지표는 주가의 과거와 현재, 미래까지 한눈에 파악하고 싶은 지표 개발자의 의지가 들어 있습니다.

여기서 '균형'이 의미하는 바가 꽤 중요합니다. 현재 주가를 과거로, 그리고 미래로도 옮겨 그려 넣는 것이 대칭과 균형이자 서로 영향을 주고 있다는 뜻이기도 합니다. 주가의 미래수준도 과거의 모습에 영향을 받고 대칭되는 수준으로 균형을 이룬다고 보아 주가를 예측합니다.

예를 들어 주가가 1개월 하락한다면 상승도 1개월 정도 걸린다고 보는 것입니다.

일목균형표지표의 숫자

일목균형표에서는 9, 17, 26, 52 등의 숫자가 중요한 역할을 합니다. 지표의 개발자가 수많은 통계를 분석해 발견한 숫자입니다. 전환선은 9일을 사용하고, 기준선은 26일을 사용합니다. 또한 선행스팬과 후행스팬은 26일을 사용합니다. 아울러 주가를 종가로 사용하지 않고 중간값을 사용하는데, 이는 균형을 중시하는 흐름에 부합합니다.

숫자

기술적 분석을 접하다 보면 지표마다 특정 숫자를 만나게 됨. 개발자는 오랜 기간 자료를 분석하고 통계적인 기법을 활용하여 나름의 숫자들을 발견함. 여러분도 지표를 실전에서 적용하면서 더 적합한 숫자를 발견해보기 바람

일목균형표의 구성

1) 전환선

전환선은 당일을 포함한 9일 중 최고점과 최저점의 중간값, 즉 평균값을 연결한 선입니다. 전환선은 현재의 매수세력과 매도세력 간의 힘의 균형이 어떤 상황인지 알려주는 선입니다. 전환선의 계산식은 다음과 같습니다.

전환선 = (9일 중 최고점 + 최저점) / 2

전환선은 우리에게 익숙한 단기 이동평균선 역할과 유사하지만 약간 다릅니다. 이동평균선이 종가를 기준으로 만드는 데 비해 일목균형표는 중간값을 취합니다. 중간값을 취한다는 것은 최고점이나 최고점의 변화가 없다면 전환선은 횡보하기 때문에 이동평균선에 비해 굴곡이 덜한 미묘한 차이가 생깁니다.

2) 기준선

기준선은 당일을 포함한 26일 중 최고점과 최저점의 중간값을 연결해 만든 선입니다. 기준선의 계산식은 다음과 같습니다.

$$기준선 = (26일 중 최고점 + 최저점) / 2$$

기준선은 중기 이동평균선과 유사하지만, 이 역시 종가가 아닌 중간값을 취하므로 약간 다릅니다. 기준선은 말 그대로 일목균형표의 기준이 되는 선으로, 시세의 방향을 나타내는 중심 추세선입니다.

3) 후행스팬

스팬(Span)이라는 말은 다리 기둥 사이의 폭을 말하는 것으로 '지속기간'이란 의미도 있습니다. 후행스팬은 현재의 주가를 26일 후행해 그린 것입니다.

일목균형표에서는 하나의 파동이 완성되는 1기를 26일로 보고 있기 때문에 26이라는 숫자를 선택하고 있습니다. 지표개발자는 '시세가

26일 상승(하락)하면 하락(상승) 혹은 보합으로 변하기 쉽고, 26일간 횡보하면 변화가 생기기 쉽다'고 분석하고 있습니다. 후행스팬으로 대략 한 달 전의 주가와 현재의 주가를 비교하면서 판단할 수 있습니다.

4) 선행스팬1

선행스팬은 전환선과 기준선의 중간값을 26일 앞(선행)으로 이동해 그린 선입니다. 현재 주가의 움직임을 바탕으로 미래의 움직임을 예상해보려는 것입니다. 선행스팬1의 계산식은 다음과 같습니다.

$$선행스팬1 = (기준선 + 전환선) / 2$$

5) 선행스팬2

선행스팬2는 당일을 포함한 52일간의 최고점과 최저점의 중간값을 26일 선행해 그린 선입니다. 52일간이기 때문에 일목균형표에서 가장 장기인 선이며, 당연히 변동속도가 가장 느리게 나타납니다. 앞에서도 잠깐 설명드렸지만 최고점이나 최저점이 변하지 않으면 선행스팬2는 횡보하므로 이동평균선보다 굴곡이 적게 나타납니다. 선행스팬2의 계산식은 다음과 같습니다.

$$선행스팬2 = (52일 중 최고점 + 최저점) / 2$$

후행스팬

후행스팬이 현재의 주가를 뒤에 그린 것이라면 선행스팬은 현재의 주가를 앞으로(미래로) 옮겨 놓은 것임. 현재의 주가는 과거의 주가에 영향을 받고 또한 미래의 주가에 영향을 준다는 개발자의 생각을 구현한 것임. 일목균형표의 탁월한 특징임 선행스팬은 '과거의 주가 흐름이 미래 주가에도 영향을 준다'는 전제로 만들어집니다. 선행스팬1은 전환선과 기준선의 중간값이니 기준선보다는 빠르지만 전환선보다는 느립니다. 선행스팬2는 선행스팬1보다 기간이 길어 더욱 느리게 움직입니다.

이러한 빠르기의 차이 때문에 선행스팬1과 선행스팽2가 같게 혹은 교차하면서 움직입니다. 선행스팬1과 2가 서로 엇갈리면서 혼조인 상황이라면 주가가 아직 방향을 잡지 못한 상황이고, 시세가 방향을 잡으면 둘은 동행하게 됩니다.

6) 구름(양운, 음운)

선행스팬1과 선행스팬2 사이를 구름대 혹은 구름층이라고 말합니다. 일반적으로 빗금을 치는데, 빗금의 색을 달리 표현해 구분하고 있습니다. 선행스팬1이 선행스팬2 위에 있을 때 양운이라 해서 붉은색으로 표현하고, 선행스팬1이 선행스팬2 아래에 있을 때 음운이라 해서 파란색으로 표현합니다.

선행스팬1이 선행스팬2보다 주가에 민감하게(빠르게) 움직이기 때문에 주가가 상승추세에 있을 때 양운이 나타납니다. 반대로 주가가 하락추세에 있을 때 음운이 나타납니다.

- 양운 : 선행스팬1 〉 선행스팬2
- 음운 : 선행스팬1 〈 선행스팬2

구름이 두껍게 형성된다는 것은 거래된 가격대가 폭넓게 형성된 것이니 '매물대가 투텁다'라고 이야기할 수 있습니다. 주가가 좋을 때는

구름

구름의 이름, 즉 양운과 음운은 지표의 개발자가 붙인 것은 아님. 뒷날 이 지표를 연구한 사람들이 명명함. 적절한 명칭을 붙인 것이라 생각됨. 음운이라는 단어를 들으면 동양적인 느낌의 먹구름이 함께 연상되면서 차트 이해가 쉬워짐

양운이 지지역할을 하고, 주가가 부진한 경우에는 음운이 저항역할을
하게 됩니다.

하락추세에서의 일목균형표 _ 녹십자엠에스

하락추세인 경우 전환선이 기준선 아래에서 움직이면서 기준선을 돌파하지 못하고 하락합니다. 구름
대는 음운이 주로 나타납니다. 음운은 저항역할을 합니다.

위 차트를 보면서 주가가 하락추세에 있는 경우를 살펴보겠습니다.
전환선이 기준선 아래에서 움직이면서 기준선을 돌파하지 못하고 하
락합니다. 구름대는 음운이 주로 나타납니다.

주가의 하락추세 시기에 음운이 나타나는 이유는 선행스팬의 산정
기간 차이 때문입니다. 선행스팬1이 주기가 짧으므로 하락추세에서는
먼저 하락하고, 선행스팬2는 주기가 상대적으로 길어 더 늦게 하락하
면서 이 둘의 사이는 음운으로 표시됩니다. 마치 비가 올 듯한 먹구름
을 연상해보면 이해가 더 쉬울 것입니다.

상승추세에서의 일목균형표 _ 녹십자엠에스

상승추세인 경우 전환선이 기준선 위에서 움직이면서 상승을 합니다. 음운을 돌파하고 나서는 양운으로 전환되고 있습니다. 양운은 지지역할을 합니다.

양운

양운은 상승추세에서 발생함. 음운에서는 먹구름이 연상되었다면 양운에서는 정열적인 태양 주위를 감싸는 구름의 풍경이 연상될 것임

이번에는 같은 종목이나 상승추세로 전환된 경우의 특징을 살펴보도록 하겠습니다. 이 차트에서 보듯 상승추세에서는 전환선이 기준선 위에서 움직이면서 상승을 합니다. 음운을 돌파하고 나서는 양운으로 전환되고 있습니다.

시세에 따라 매매하는 전략은 다른 여타 기술적 분석의 원칙과 동일합니다. 매매의 기본원칙은 '상승추세에서 매매하면 실패확률이 낮다'라는 것입니다. 그러므로 전환선이 기준선 위에서 움직이는 종목에 투자하는 것이 좋습니다. 이를 이동평균선으로 바꿔서 말하면 단기 이동평균선이 장기 이동평균선 위에서 움직이는 종목을 선정하면 좋습니다.

일목균형표의 활용전략

일목균형표는 전환선과 기준선이 나타내는 현재의 주가를 중심으로 후행스팬을 통한 과거의 주가, 선행스팬을 통한 미래의 주가를 서로 연결해 하나의 차트를 만듭니다. 과거와 현재, 미래의 주가가 순환하고 반복된다는 동양사상을 담고 있습니다. 구름도 양과 음이 교차합니다.

주가를 심오한 동양사상으로 풀어가는 일목균형표인지라 투자자에 따라서 다양한 해석이 나오고는 합니다. 여기서는 초보투자자도 쉽게 접근할 수 있는 기본적인 일목균형표의 활용전략에 대해서 살펴보겠습니다.

1) 기준선 활용전략

기준선이란 이름 자체에서처럼 기준이 되는 선입니다. 기준선의 방향은 시세의 방향성을 보여줍니다. 따라서 기준선의 방향도 매매시점을 판단하는 데 중요한 역할을 합니다. 기준선이 상승추세이면 강세상황이므로 매도보다는 매수관점으로 판단합니다. 반대로 기준선이 하락추세이면 약세상황이므로 매수보다는 매도관점으로 판단합니다.

2) 전환선 및 기준선 활용전략

전환선은 9일이므로 단기 이동평균선의 역할을 하고, 기준선은 26일이므로 중기 이동평균선의 역할을 합니다. 위에서부터 '주가, 전환선, 기준선'의 배열은 정배열로 주가상승추세의 전형적인 국면입니다. 반대로 위에서부터 '기준선, 전환선, 주가'의 순서는 주가하락추세의 전형적인 국면입니다. 간단히 정리하면 다음과 같습니다.

기준선 활용

기준선을 산정하는 기간으로 26일을 사용함. 중기 이동평균선과 유사한 역할을 함. 20일 이동평균선의 역할을 생각해보면 이해가 빠를 것임. 시세가 살아있는지 기준선의 각도를 보면 감이 옴

- 정배열 : 주가 〉전환선 〉기준선 → 상승국면

- 역배열 : 주가 〈 전환선 〈 기준선 → 하락국면

3) 전환선과 기준선 크로스 활용전략

일목균형표에서의 골든크로스는 주가가 전환선을 상향돌파하고, 전환선이 기준선을 상향돌파하는 것입니다. 데드크로스는 주가가 전환선을 하향돌파하고, 전환선이 기준선을 하향돌파하는 것입니다.

크로스 활용

이제는 크로스의 원리 정도는 쉽게 이해할 수 있을 것임. 예를 들어 매수시점은 기본적으로 산정기간이 짧은 선이 긴 선을 상향돌파하는가, 즉 골든크로스를 만드는가로 분석함

전환선과 기준선 크로스 활용전략 _ 영흥

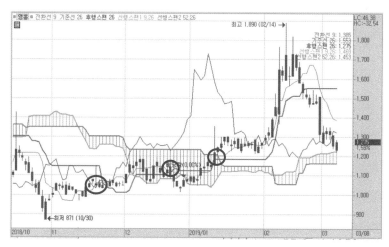

주가가 전환선을 상향돌파할 때가 매수시점입니다. 그리로 주가가 음운을 상향돌파하면 주가는 더욱 상승한다고 판단합니다. 음운을 강하게 돌파할수록 상승탄력은 크다고 봅니다.

위 차트에서 하락하던 주가와 기준선이 첫 번째 원에서 골든크로스가 발생했습니다. 이후 기준선이 저점을 높여가다가 음운대를 만나 이를 바로 뚫지 못하고 횡보합니다. 횡보를 하면서 데드크로스가 발행하나 기준선은 조금씩 저점을 높여가고 있습니다. 기준선이 상승추세를

유지하면 전환선이 일시적으로 하락하더라도 바로 매도로 대응하기보다는 지켜볼 필요가 있습니다. 결국은 음운대를 뚫고 힘찬 상승을 보여줍니다.

매매경험이 적은 투자자라면 분할매수가 좋습니다. 전환선이 기준선을 돌파할 때 1차 매수하고, 기준선이 꺾이지 않고 상승을 유지하면 음운을 돌파할 때 2차 매수하고, 이런 식으로 분할매수하면 한 번의 판단에 대한 위험도 줄일 수 있고 부담감도 덜합니다.

4) 구름대 활용전략

양운은 강세를 의미하고, 음운은 약세를 의미합니다. 또한 음운에서 양운으로 전환하면 강세를 의미하고, 양운에서 음운으로 전환하면 약세를 의미합니다.

구름대 활용

구름대는 색깔로 확연히 구분되기 때문에 쉽게 구분하고 찾을 수 있음. 음운에서 양운으로 바뀌면 먹구름이 낀 날씨에서 햇볕이 드는 날씨로 바뀌는 느낌과 같음

구름대 활용전략 _ 삼성SDI

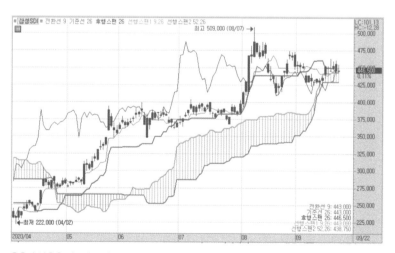

음운과 양운은 나중에 붙여진 이름이라고 합니다. 일반적으로 구름의 두께는 매물벽을 의미하는데 양운은 지지로 작용하고 음운은 저항으로 작용합니다.

앞의 차트를 보면, 음운에서 양운으로 전환하고 상승세를 이어가고 있습니다. 일반적으로 구름의 두께는 매물벽을 의미하며 두터울수록 뚫기가 어렵습니다. 양운은 지지로 작용하고, 음운은 저항으로 작용합니다.

앞 페이지의 차트에서도 양운을 타고 상승이 이어집니다. 만약 양운을 뚫고 하락했다면 지지가 무너져 시세가 크게 하락할 수 있기 때문에 주의가 필요합니다.

양운 위에 계속 주가가 위치할 경우 _ 두산퓨얼셀

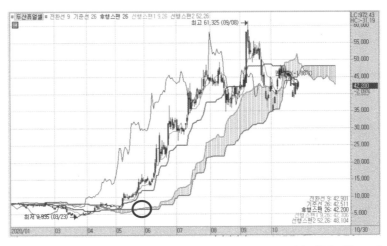

음운을 뚫고 상승을 하면서 양운으로 바뀌면 상승추세로 전환신호입니다. 주가가 양운을 하향으로 돌파하지 않으면 보유하는 전략이 좋습니다.

구름대

구름대는 매물대라고 이해하면 됨. 구름이 두터울수록 뚫기가 어려움. 반대로 말하면 두터운 구름을 뚫고 움직이면 그 움직이는 방향으로 강하게 진행할 확률이 높다는 의미임

구름대는 매물대이므로 뚫기 쉬운 구름대는 두꺼운 구름대가 아닌 얇은 구름대입니다. 위의 차트에서도 보듯 음운을 뚫고 상승을 하면 양운으로 바뀌어 주가는 상승추세로 전환을 알리게 됩니다. 이후 정배열로 들어서면 양운이 하향으로 뚫리지 않는 한 계속 주식을 들고 가

면 큰 시세차익이 가능합니다. 반대로 주가가 양운을 하방으로 돌파하면 미련 없이 매도하는 것이 좋습니다.

일목균형표는 좀 어려운 지표입니다. 한 발 더 나아가 기본수치(시세가 파동을 만들어가면 변화하는 시간), 대등수치, 파동을 통해 시세변화의 시기와 폭을 예측하는 단계로 가면 투자자마다 해석에 대한 의견이 차이가 나는 경우가 많아 여기서는 다루지 않겠습니다.

그러나 기본적인 기술적 분석에서 사용되는 정배열, 크로스 개념만으로도 충분히 잘 활용할 수 있는 지표입니다. 처음에는 복잡한 듯 보이지만 자주 찾아보시면 전환선, 기준선, 구름대가 일목요연하게 보이게 됩니다. 그때가 되면 여러분은 어느덧 기술적 분석 전문가의 길에 다가서게 되실 겁니다.

YG PLUS

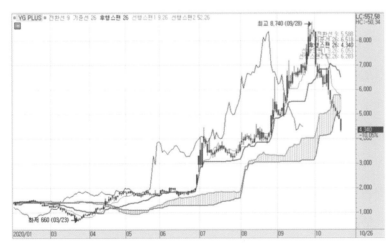

위 차트를 보시고 여러분이 매도시점들을 찾아보시기 바랍니다. 추세가 바뀌면서 분할매도할 수 있는 포인트들을 찾아보시고 최종적으로 전량매도를 완료해야 할 시점은 언제일지 구름대도 분석해보시기 바랍니다.

02
엘리어트파동의 개념과 활용법

엘리어트는 오랜 연구로 주식시장도 자연 법칙처럼 움직이는 규칙이 있다고 주장했고, 실제 주가의 움직임을 여러 번 정확히 예측해 유명해졌습니다. 4계절이 순환하듯 주식시장은 상승파동 5개와 하락파동 3개가 하나의 사이클로 지속적으로 상승과 하락을 반복하는 패턴을 보인다는 것을 밝혔습니다. 수많은 기술적 분석 전문가들에게 인기가 많은 이론입니다.

엘리어트파동이론의 시작

엘리어트파동이론은 잘 알아도 엘리어트라는 인물이 철도회사의 선로원도 했던 사람이라는 것은 모르는 분이 많습니다. 엘리어트는 회계에 관심이 많아 열심히 공부하고 노력한 끝에 회계와 감사업무의 전문가로 성장합니다. 그는 주식에도 관심을 가져 미국의 대공황을 거치며 장기간의 연구 끝에 엘리어트파동이론을 완성합니다. 우리도 아직은 주식초보이지만 노력해서 나만의 주식분석이론을 만들어보도록 공부를 열심히 해야겠습니다.

엘리어트가 파동이론을 만들 때 주식이론서뿐만 아니라 물리학, 철학, 생물학 등 다양한 전문서적도 탐독했다고 합니다. 모든 생명체와 움직임은 진동으로 구성되며, 주식시장도 마찬가지라고 그는 주장합니다. 이때 피보나치 수열의 숫자들이 중요한 역할을 합니다.

피보나치 수열

토끼 한 쌍이 번식하는 이야기로 시작하는 피보나치 수열은 앞의 두 항의 합이 이어지는 수열입니다.

'1' '1' '2' '3' '5' '8' '13' '21' '34' '55'…, 즉 1+1=2, 1+2=3, 2+3=5, 3+5=8, 5+8=13, 8+13=21, 13+21=34, 21+34=55… 이렇게 계속 이어집니다.

3, 5, 8이라는 숫자가 엘리어트파동이론의 기본이 되는 숫자입니다. 3개의 하락파동과 5개의 상승파동, 즉 8개의 파동으로 하나의 주가운동 사이클을 형성합니다.

위 피보나치 '앞항+뒷항'의 순서로 계속 계산되어지는 숫자들을 '뒷항 나누기 앞항'으로 다시 계산해보면 '3/2=1.5, 5/3=1.66, …, 21/13=1.6153, …, 55/34=1.61, …, 144/89=1.61737, …, 987/610=1.61'로 계산되는데 이 값을 평균하면 약 1.618이 나옵니다.

이번에는 두 번째 뒷항 숫자로 나누면 '1/3, 3/8, 5/13…'가 되어 0.382라는 평균값을 구할 수 있습니다. '1-0.618=0.382', 이렇게 구할 수도 있습니다.

인접한 피보나치 수의 비율이 대략 62 대 38 정도인데, 이를 일컬어 '황금비'라고 합니다. 놀랍게도 파르테논 신전의 가로세로 비율이 이와 유사하다고 합니다. 이 비율 숫자는 파동의 길이나 조정비율을 예측할 때 유용하게 사용합니다.

예를 들어 5파는 1파와 비슷하거나 최소 61.8% 정도의 길이는 유지하는 경향이 있다고 주장합니다. 다른 예로 b파동은 a파동의 61.8% 정도 상승한다고 봅니다. 조정의 경우 추세가 강한 경우에는 38% 조정으로 그치고, 추세가 약한 경우에는 62% 정도 조정을 받는다고 봅니다.

기술적 분석을 처음 접하는 경우에는 이런 수치들이 다소 현실성이 떨어져 보일 수 있습니다. 하지만 지표의 개발자는 오랜 기간 데이터를 가지고 분석한 것입니다.

엘리어트파동 패턴에 대한 이해

엘리어트파동 패턴

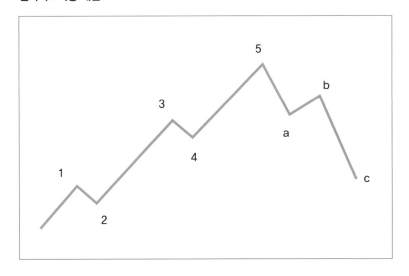

그럼 이제 엘리어트파동 패턴에 대해 살펴보도록 하겠습니다.

패턴은 앞의 그림처럼 5개의 상승파동과 3개의 하락파동으로 구성됩니다. 이런 상승과 하락파동이 반복된다고 보는 것입니다.

파동은 2가지로 구분하는데 충격파(추진파 : Impulse Wave)와 조정파(Correction Wave)입니다. 추세와 같은 방향을 충격파라 하고, 추세와 반대방향으로 움직이는 경우 조정파라고 합니다.

- 충격파 : 1, 3, 5파동 / a, c 파동 : 파동 내에서 5개의 소파동을 가짐
- 조정파 : 2, 4파동 / b 파동 : 파동 내에서 3개의 소파동을 가짐

각 파동 단계 안에서도 작은 규모의 충격파와 조정파가 생깁니다.

충격파

상승파동을 의미하는 것이 아니라 추세방향의 파동을 의미함

조정파

하락파동을 의미하는 것이 아니라 추세방향과 다른 파동을 의미함

엘리어트파동의 각 파동 특징

엘리어트파동 전문가는 개별종목보다는 종합주가지수를 분석할 때, 그리고 단기보다는 장기로 분석할 때 좀 더 잘 맞는다고 합니다. 엘리어트파동이 수많은 통계자료를 근간으로 만들어졌기 때문에 시장분석에 좀 더 정확할 것입니다.

상승파동이 5개이며 하락파동이 3개로 상승에 무게중심이 놓인 것도 생각해보면, 기본적으로 경제는 일반적인 상황이면 성장하므로 주가도 장기적으로는 우상향하는 것과 일치합니다.

파동을 가만히 보면 투자자의 심리도 반영되어 있습니다. 오르면 매도하는 사람이 늘어 계속 달리기보다는 조정을 받게 되고, 그 조정을

이기고 다시 상승하나 결국 상승의 한계에 다다르면 정점을 찍고 추세가 꺾여 하락하게 됩니다. 하락하면 단기적으로 매수가 붙어 반등하다가 이내 다시 하락하고 저점을 잡게 됩니다.

각 파동의 특징은 다음과 같습니다.

파동

하나의 순환에 8개의 파동이 있고, 상승과정의 5파와 하락과정의 3파로 구성됨

1) 1파

파동패턴의 시작이며, 대세 바닥이 형성되고 나서 상승을 시작합니다. 이때 거래량도 늘어납니다. 5파동 중에서 짧게 나타나는 경우가 많습니다. 하락 후에 발생하는 일시적인 반등과는 잘 구별해야 합니다.

2) 2파

2파는 1파의 상승에 대한 조정파동입니다. 1파의 시작 수준에 가깝게 되돌려 지나 2파의 저점이 1파의 저점보다는 높게 형성됩니다. 2파에서 매수하면 수익률이 높습니다.

3) 3파

일반적으로 3파는 가장 길게 나타나는 경우가 많습니다. 다른 파동과 길이가 같을 수는 있지만 가장 짧을 수는 없습니다. 2파 조정을 거치고 본격적인 상승추세가 형성됩니다. 1파의 고점을 돌파하면서 거래량도 최대로 나타납니다.

4) 4파

2파와 같은 조정이지만, 4파는 복잡하게 여러 형태로 나타납니다. 중요한 점은 4파의 저점은 1파의 고점보다는 높아야 한다는 것입니다.

5) 5파

5파는 상승의 마지막으로, 일반적으로 3파보다는 짧게 상승하는 경우가 많지만 상승세가 강할 경우 더 길어지는 경우도 발생합니다.

6) a파

조정국면의 첫 번째 a파는 5파의 일시적 조정과 혼동이 되는 경우가 많습니다. 고점에서 추세가 꺾이는 첫 파동에서 잘 매도해야 하는데, 실전에서 이를 정확히 파악하기가 쉽지만은 않습니다. 그러므로 여러 다른 추세적 하락신호와 함께 분석하는 것이 좋습니다.

7) b파

b파는 하락의 과정에서 발생하는 반등입니다. 고점에서 매도하지 못했다면 b파에서는 매도를 해야 합니다. b파에서도 단기적인 매수는 가능하나 초보투자자는 수익을 내기가 쉽지 않으므로 단기적인 대응을 잘해야 합니다.

8) c파

c파에서는 하락의 추세가 이어지며, c파는 a의 저점보다 낮아지는 경우가 많습니다. 하락이 이뤄지면 3파와 b파가 5파를 중심으로 헤드앤숄더(머리어깨형)가 만들어집니다. 초보자가 엘리어트파동이론을 정확히 분석하기가 쉽지 않은 부분이 많지만 헤드앤숄더형은 실전에서 자주 보이므로 이 패턴은 뒤에서 별도로 더 설명을 드리겠습니다.

c파

c파가 완성되는 지점에서는 과도한 하락으로 마무리함

지수분석과 장기투자에 적합

엘리어트파동이 기술적 전문가 사이에서는 파동분석의 바이블처럼 여겨지고 있습니다. 그렇지만 전문가 사이에서도 파동의 시작과 끝에 대한 의견이 갈리는 경우가 많아 초보자가 활용하기에는 어려운 점이 많습니다. 부지런히 공부하면서 실전의 내공을 쌓아야 합니다.

파동의 시작과 끝

다양한 변형이 많아 초보자가 파동의 시작과 끝을 명확히 파악하는 것이 쉽지 않음

엘리어트파동 _ LG전자

4번 파동이 1번 파동의 고점보다 높아야 하는 것이 기본적인 전제입니다. 그런데 4번 파동이 더 낮게 형성되어 엘리어트파동의 기본원칙을 깨트렸기 때문에 엘리어트파동을 다시 분석해 봐야 합니다.

일반적으로 엘리어트파동은 개별종목보다는 지수분석에, 그리고 분석기간이 장기일 때 좀 더 적합하다고 합니다. 개별종목이라면 소형주보다는 대형주에 더 잘 맞는다고 할 수 있습니다.

LG전자의 차트를 통해서 살펴보도록 하겠습니다. 여러분도 차트를 보면서 각각 파동을 찾아보시기 바랍니다. 그리고 왜 완벽한 엘리어트

파동의 패턴이 되지 못하는지 그 이유를 밝혀보도록 합시다.

2파동은 1파동의 저점보다는 높아야 하고, 4파동은 1파동의 고점보다는 높아야 합니다. 그런데 위 차트는 4번 파동이 1번 파동의 고점보다 낮게 형성되어 완벽한 엘리어트파동 패턴을 완성하지 못했습니다.

이번에는 코스닥지수에 한번 적용해보겠습니다.

코스닥지수

위 코스닥지수를 통해서 엘리어트파동을 여러분이 직접 그려보시기 바랍니다. 상승은 길고 완만하고 하락은 짧고 가파른 것이 일반적인 주가운동의 기본적 패턴이기 때문에 엘리어트파동이론이 잘 적용되는 차트가 종종 발생합니다.

앞의 차트에서는 엘리어트파동의 패턴을 어렵지 않게 찾을 수 있습니다. 2파동의 경우 2파동 안에서 소규모 파동이 있었고, 3파동은 가장 긴 일반적인 패턴형태를 보여주고 있습니다.

코스피지수(월봉)

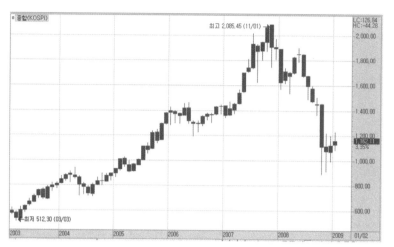

장기 종합주가지수에서도 엘리어트파동이론을 적용할 수 있습니다. 이를 두고도 다르게 해석하는 전문가분들이 있기는 합니다. 그만큼 엘리어트파동이론은 해석하는 사람에 따라 다양한 판단이 내려지기 때문에 실전에 활용하려면 많은 경험을 필요로 합니다.

위 차트는 월봉으로 본 장기 종합주가지수입니다. 전형적인 상승 5파와 하락 3파를 찾으실 수 있습니다. 1파에 이은 2파의 짧은 조정 이후 3파가 가장 길게 나타나고 횡보성 조정파인 4파를 보여줍니다. 그러고 나서 5파인 정점을 찍고 하락하게 됩니다. 차트가 다 제시되고 찾으므로 쉽게 파악이 되는 측면이 있기는 합니다. 그런데 이런 전형적인 패턴이 아닌 경우에는 파동을 찾기가 어려운 경우도 많이 생깁니다.

다음은 2008년 이후부터 2020년까지의 장기 종합주가지수 차트입니다.

종합주가지수(월봉)

4파를 횡보하는 하락추세로 보면 5파동이 완성된 것으로 판단할 수도 있고 전문가에 따라서는 아직 5파가 완성되지 않았다고 주장하기도 합니다. 실전 매매에서 틀에 정확히 맞는 차트를 찾는 것은 매우 어렵습니다. 더욱이 코로나 사태로 급락이 와서 더욱 분석가들이 고민을 많이 하고 있습니다.

이 차트를 보고 전문가들 사이에서도 '몇 번째 파동인가'에 대해 의견이 갈리고 있습니다. 장기적으로 낙관적으로 보는 전문가는 아직 엘리어트파동의 5파가 완성이 안 되었다고 주장하는 분도 있습니다. 그런데 이런 주장이 성립하려면 원에서 보듯 4파의 저점이 코로나19 사태 영향으로 1파의 고점 아래로 내려가 있어 파동을 다시 분석해야 한다는 의견도 있습니다.

이처럼 전문가의 의견도 다양하게 나오는 것이 엘리어트파동입니다. 그러다 보니 초보자 입장에서는 엘리어트파동을 실전에 적용하기 어려운 측면이 있습니다.

전형적인 엘리어트파동 매매전략

1~5파

상승파동의 높이는 하락파동보다는 높은 것이 일반적이지만 시간은 하락파동이 더 길게 나올 수 있음

초보투자자 입장에서는 어렵게 생각할 것 없이 비교적 전형적인 엘리어트파동 패턴을 찾아 매매하면 됩니다. 각 파동에서의 전형적인 엘리어트파동 매매전략은 다음과 같습니다.

1) 1파

1파에서 매수를 할 수 있다면 고수라고 할 수 있겠습니다. 현실적으로는 1파의 파동 이후에 매수하는 것이 일반적입니다.

2) 2파

2파

1파의 38.2%나 61.8%를 되돌림

2파의 저점을 찾는 것이 매매포인트이며, 적극적인 매수포인트입니다. 일반적으로 가장 긴 3파를 누릴 수 있는 지점이기 때문입니다. 주의할 것은 2파의 조정이 1파의 시작점 이하로 내려가지는 않는다는 것입니다. 이때는 파동을 다시 분석해야 하고 매도로 대응한 후 지켜봐야 합니다.

3) 3파

3파는 가장 길게 상승하는 경우가 많기 때문에 3파라는 확신이 없다면 추격매수가 쉽지는 않습니다. 3파에서 가장 무난한 매수시점은 3파가 시작되고 1파의 고점을 강하게 뚫고 올라가는 시점입니다. 이때 거래량이 동반되면 더욱 신뢰도가 높습니다. 만약 오르다가 1파의 고점을 하향이탈한다면 이는 3파가 아니기 때문에 매도로 대응하고 지켜보는 것이 좋습니다.

4) 4파

3파에서 매수했다면 4파 조정을 기다려볼 수 있습니다. 적극적인 투자자라면 4파의 저점에서 매수해 다음 5파의 상승을 노려볼 수도 있습니다. 다만 4파의 하락이 깊어져 1파의 고점 아래로 하락한다면 일단 매도로 대응하고 지켜봐야 합니다.

5) 5파

5파는 마지막 정점을 향하는 상승파동입니다. 매도시점을 잘 잡아야 합니다. 초보투자자가 욕심을 부리다 기존의 수익을 반납하는 경우도 많이 생깁니다. 일반적으로 수익구간에서 초보투자자는 리스크에 지나치게 둔감해지기 때문입니다.

5파는 1파와 길이가 유사하거나 상승추세가 약하다면 1파의 62% 정도 수준을 가져간다고 합니다. 고점에서의 전형적인 특징들, 예를 들어 아일랜드갭이라고 하는 소멸갭이 나타나면서 추세가 꺾이면 매도로 대응해야 합니다.

5파

일반적으로 1파의 길이와 비슷하거나 1파에서 3파까지의 61.8%의 길이로 형성됨

6) a파

조정국면의 시작으로, 조정파동은 일반적으로 불규칙적인 경우가 많습니다. 추세가 정점을 지나 하락국면에 들어가거나 5일선이 10일선과 20일선을 하향돌파하면 각각 부분매도로 대응하면서 보유물량을 줄여나가야 하며, 주가가 20일선을 하향돌파한다면 모두 매도하는 것이 맞습니다.

7) b파

b파는 조정국면에서의 반등으로, 이때는 매도할 수 있는 마지막 시기입니다. 물론 적극적인 투자자라면 a파의 저점에서 매수해 b파에서 매도할 수 있겠지만, 초보투자자가 이런 매매를 능숙하게 하기는 쉽지 않습니다.

8) c파

c파에서는 급격한 하락이 진행되는 경우도 많습니다. 당연히 매수는 금지이며, 혹시라도 보유물량이 있다면 손절매를 적극적으로 실행해야 합니다.

헤드앤숄더

상승추세가 꺾이면서
보게 되는 패턴임

헤드앤숄더(머리어깨형) 패턴

초보투자자의 입장에서는 하나의 파동이 완성되었는지를 파악하는 것이 좀 어려울 수 있습니다. 실전에서는 수많은 변형파동이 나오기 때문입니다.

그래서 초보투자자 입장에서는 엘리어트파동의 윗부분만을 보면 양쪽으로 어깨와 중간에 머리가 있는 헤드앤숄더 패턴, 즉 머리어깨형을 볼 수 있습니다. 이런 패턴은 실전에서도 자주 발생되므로 미리 숙지해둘 필요가 있습니다.

머리어깨형은 반전 패턴의 하나입니다. 왼쪽 어깨에서는 머리까지 상승하나 머리를 지나서는 오른쪽 어깨를 지나서 하락으로 귀결되기 때문입니다.

실전에서도 자주 만나는 이 머리어깨형은 영어로도 말 그대로 Head & Shoulder형이라고 합니다. 제가 보기에는 한자로 山(산)처럼 보입니다. 이름을 무엇으로 하건 투자자는 수익을 거두면 됩니다.

머리어깨형은 자주 나오는 패턴이니 눈여겨보았다가 실전에서 꼭 수익을 거두시길 바랍니다. 초심자 입장에서 고수들처럼 완벽한 분석을 하지 못하더라도 실전에서 써먹을 수 있는 패턴들을 잘 분석하면서 내공을 쌓아가면 충분히 수익을 거둘 수 있고, 더 높은 수준의 기술적 분석도 보이기 시작합니다.

머리어깨형이 완성되는 원리는 다음과 같습니다. 머리어깨형을 완성하려면 왼쪽에서 상승에 해당하는 어깨가 시작입니다. 주식도 심리전이므로 투자자의 심리 흐름으로도 이해할 수 있습니다. 호재 등을 만나 오르면 그동안 팔기 위해 기다리던 단기투자자가 팔기 시작하고 거래량을 동반하며 한 번의 상승이 마무리되면서 왼쪽 어깨를 만듭니다. 이후 낮아진 주가에 그 동안 매수를 망설이던 투자자가 합류하고 주류세력은 매수를 이어가면서 고점인 머리를 형성하게 됩니다. 이후 목표수익에 도달하면 수익실현 매물이 매수세를 압도하면서 하락합니다. 그간의 상승세에 매수를 망설였던 투자자가 마지막으로 들어오면서 오른쪽 어깨를 형성하고, 주류세력이 빠져나가면 매수세가 미약해서 하락이 깊어지면서 머리어깨형이 완성됩니다.

다음의 차트는 머리어깨의 일반적인 모습을 보여줍니다.

머리어깨형

3개의 연속적인 고점이 있고 가운데 머리에 해당하는 고점이 가장 높은 형태의 패턴임

머리어깨형 _ KG케미칼

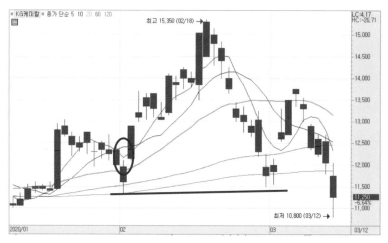

머리어깨형은 자주 발견되는 패턴입니다. 상승과 하락이 교차하면서 고점인 머리를 중심으로 양쪽에 어깨의 모양을 만들게 됩니다.

머리어깨형의 왼쪽 어깨에서는 상승추세가 진행되면서 고점을 형성합니다. 엉켜 있던 이동평균선들이 정배열로 바뀌기 시작합니다. 왼쪽어깨가 완성되면서 5일 이동평균선이 10일 이동평균선 아래로 내려오지만, 여전히 20일 이동평균선의 우상향 추세는 훼손되지 않았다는 것을 확인하시기 바랍니다. 이와 함께 오른쪽 어깨에서는 이동평균선들이 다시 엉켜 있는 모습까지 체크하시기 바랍니다.

목선

목선은 두 개의 저점을 연결하면 됨

참고로 머리를 두고 좌우 저점을 연결한 선을 '목선'이라고 합니다. 목선의 기울기는 그 머리어깨형패턴의 하락강도와 관련됩니다. 이 기울기가 하락하는 기울기라면 하락세가 더 깊어지고, 상승기울기라면 하락의 강도는 상대적으로 약하다고 할 수 있습니다. 목선을 뚫고 내려가면서 머리어깨형 패턴이 완성됩니다.

이번에는 거래량과 함께 살펴보도록 하겠습니다.

머리어깨형과 거래량 _ 부방

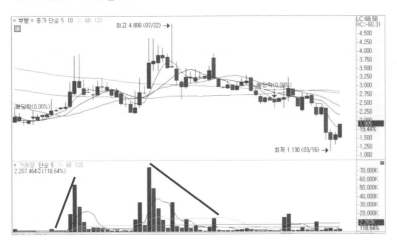

주가의 상승과 거래량은 비례관계에 있습니다. 틀에 딱 떨어지는 머리 어깨는 아니지만 유사한 형태의 차트를 쉽게 발견할 수 있습니다. 고점을 지나 하락하면서 거래량이 줄면 오른쪽 어깨가 명확히 보이지 않더라도 매도시기를 잡아보는 것이 좋습니다.

거래량과 함께 살펴보면 머리의 왼쪽 부분, 즉 왼쪽 어깨에서 이전 거래량과는 다르게 거래량이 높게 증가합니다. 주가의 횡보기간이 길 경우 머리 부분보다 거래량이 많은 경우 역시 자주 생깁니다. 머리의 정점부근에서 거래량이 다시 늘어나지만 정점을 지나면 거래량이 감소하는 경우가 대부분입니다. 거래량과 함께 살펴보면 좀 더 헤드앤숄더 패턴에 대한 신뢰가 높아집니다. 왼쪽 어깨에서 거래량이 많이 증가하며 머리 부근의 거래량 보다 더 많은 경우도 자주 발생합니다. 즉 꼭 머리 부근에서 거래량이 가장 높은 것은 아닙니다.

다음은 매도시점에 대해서 차트를 보면서 파악해보도록 하겠습니다. 초보자가 가장 어려워하는 것이 매도라고 합니다.

매도시점 _ 무림P&P

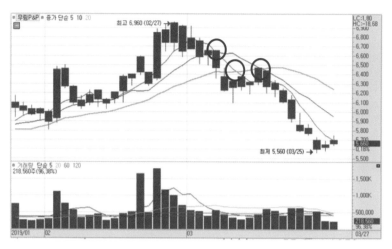

가장 좋은 매도시점은 추세가 꺾이는 부분입니다. 그런데 정확이 이 지점을 파악하는 것은 어렵습니다. 하락 후 오른쪽 어깨에서 반등이 올 때는 매도를 꼭 해야 합니다.

　초보자 입장에서는 그 패턴이 무엇이든지 결국은 수익을 보고 파는 것이 중요합니다. 매도시점은 추세가 꺾이는 부분에서 오른쪽 어깨에 도달하기 전입니다.

　초보자가 파악하기 쉬운 매도시점은 구체적으로 다음과 같습니다. 5일선이 10일선을 하향돌파하는 시점이 1차 매도시점이고, 5일선이 20일선을 하향돌파하는 시점에서는 가지고 있는 물량을 모두 정리하는 것이 좋습니다. 마지막 매도기회는 10일선이 20일선을 하향돌파하는 3번째 원 지점입니다. 오른쪽 어깨의 정점 부근이니 여기서만 매도해도 매수를 잘 했다면 어느 정도 수익이 괜찮습니다.

　매도타이밍에 자신이 없다면 각각 차트에 표시된 원에서 분할매도하는 것도 좋습니다. 매수도 마찬가지이지만 매도도 분할하면 한번에 매매하는 것보다 위험을 줄이는 훌륭한 방법입니다.

기술적 분석의 장점은 차트그림을 명확히 보여준다는 것입니다. 돈 벌 기회는 많습니다. 본인의 욕심과 혹시나 하는 어설픈 미련에 휘둘리지 않으면 '생명선인 20일선을 지켜라'는 정석대로 매매를 할 수 있습니다.

03
투자심리도의 개념과 활용법

주식시세가 피도 눈물도 없는 냉혈인의 이성으로만 결정될 듯하지만 사실 투자자의 심리에 큰 영향을 받습니다. 계속 오르면 수익실현의 욕구가 들고, 지속적으로 하락하면 저렴하다는 생각에 매수하고 싶은 생각이 드는 것이 인지상정입니다. 이런 투자자의 심리를 지수화한 것이 투자심리도 혹은 심리도입니다. 지표를 만드는 산식도 간단해서 초보투자자가 활용하기에 좋습니다.

투자심리도의 개념

　주가가 며칠 상승을 이어가면 수익실현을 위해 팔고 싶어지고, 주가가 며칠 하락을 이어가면 반등을 염두에 두고 사고 싶어집니다. 이런 투자자의 심리를 이용하여 만든 것이 '투자심리도'입니다. 주식시장을 두고 전문가일수록 심리싸움이라는 말을 많이 합니다.

　투자심리도는 일정 기간 상승한 날과 일정 기간으로 나눠 그 비율을 보고 투자심리의 과열과 위축을 판단합니다. 비교적 단순하게 계산이 되고, 투자방식도 과열과 침체로 간단히 구분됩니다.

투자심리도의 계산

투자심리도의 계산식은 다음과 같습니다.

$$투자심리도 = \frac{최근\ N일간\ 전일\ 대비\ 상승일수}{N일} \times 100$$

N일은 주로 10일과 12일을 사용하는데, 10일이 가장 많이 사용됩니다.

예를 들어 최근 10일 가운데 상승한 날이 7일이라면 투자심리도는 70%가 됩니다. 이 투자심리도를 선으로 연결하면 투자심리도가 됩니다.

투자심리도의 해석

투자심리도 75% 이상은 과열로 판단해 매도하는 것이 좋고, 투자심리도 25% 이하는 침체로 판단해 매수하는 것이 좋습니다.

다만 과열과 침체를 나누는 명확한 기준이 있는 것은 아닙니다. 시황이 매우 좋을 때는 투자심리도가 90% 언저리에 상당기간 머물러 있기도 합니다. 반대로 극심한 약세장인 경우에는 투자심리도가 25% 이하에서 한동안 있기도 합니다.

당연한 이야기지만 투자심리도 하나의 지표만으로 매매시기를 판단하기보다는 다른 지표를 함께 고려하는 것이 좋습니다.

투자심리도 _ 대한광통신

투자심리도는 상승일수와 하락일수의 대비를 통해 투자심리가 어느 정도인지를 파악합니다. 투자심리도 75% 이상이면 매도로, 투자심리도 25% 이하면 매수로 대응하는 것이 기본이나, 다른 단일 지표로만 사용하는 경우는 드물고 다른 보조지표와 함께 보면서 판단하는 것이 일반적입니다.

심리도

심리도는 지수나 대형주에 좀 더 적절한 경우가 많음

일반적으로 HTS에서 기술적 분석지표 중 '심리도'를 클릭하면 10일 기준으로 설정되어 있습니다. 위 차트에서 보듯이 25% 이하에서 파란색으로 표시되어 있고 이 부근에서 매수타이밍을 잡습니다. 심리도가 25% 이상으로 올라오는 시점에서 매수타이밍을 선택해도 됩니다. 매도는 심리도가 75% 이상에서 신호를 주게 됩니다.

심리도는 이해가 쉽고, 논리가 심플해서 좋습니다. 그런데 일반적으로 매수타이밍은 잘 잡아주나 매도타이밍은 신호가 빠르게 잡힐 수 있다는 점을 고려해야 합니다.

위 차트에서도 75% 이상인 매도신호가 두 번 발생합니다. 그런데 왼쪽 원에서 매도하면 좀 더 큰 폭의 상승을 놓치게 됩니다. 오른쪽 원에서 매도하는 것이 유리하지만, 이렇게 추세를 타는 경우 매도신호가 빠르게 나올 수 있는 점은 주의가 필요합니다.

다른 지표들과 더불어 분석하자

증시가 활황인 경우 투자심리도가 지속적으로 70% 이상에서 움직이는 경우가 많습니다. 반대로 시장이 침체인 경우 30% 이하에서 머물러 있는 경우가 많아 매매신호의 효용성이 낮아지는 경우가 생깁니다. 상승이나 하락으로 추세를 잡은 경우에는 좀 더 세심하게 주가추이를 보면서 매매를 해야 합니다.

투자심리도 _ 보해양조

증시가 강한 상승장인 경우 투자심리도가 지속적으로 70% 이상에서 움직이는 경우가 많기 때문에 75%를 놓고 기계적으로 매매하는 경우 상승추세를 활용하지 못하게 됩니다. 시황이 매우 안 좋은 반대의 경우도 마찬가지입니다. 투자심리도는 다른 보조지표와 함께 사용하는 것이 좋습니다.

위 차트에서 보면 매수신호는 매우 잘 잡혔습니다. 그런데 매도신호가 일찍 발생합니다.

투자심리도에서 잡힌 매도신호 이후 해당 종목은 본격적인 상승에 돌입합니다. 지나치게 빠른 매도를 방지하기 위해서 추세적인 상승이

나 하락인 경우라면 다른 보조지표와 함께 분석하는 것이 좀 더 높은 수익을 가져오는 방법입니다.

이번에는 대표적인 추세지표인 MACD와 함께 투자심리도를 살펴보도록 하겠습니다. 투자심리도에서는 단 한 번의 매도신호가 잡힙니다. MACD에서도 첫 매수신호는 같이 보여집니다. 그런데 MACD에서는 매수 후 '매도, 매수, 매도'의 신호로 순차적으로 세 번의 매매신호가 잡힙니다. 추세를 타는 경우 추세적 지표, 즉 MACD를 활용하면 수익률을 높게 됩니다.

어차피 기술적 분석 전문가도 하나만의 지표를 사용하는 경우는 드뭅니다. 여러분에게 맞는 지표를 복합적으로 분석하는 것이 실수를 줄이는 방법입니다.

투자심리도

투자심리도를 연결한 선을 투자심리선이라고 하나 여기서는 굳이 구분하지 않고 투자심리도 지표로 통칭함

투자심리도와 MACD _ 보해양조

투자심리도를 추세지표인 MACD와 함께 분석하면 더욱 효과적입니다. 왼쪽 페이지에서 살펴본 같은 종목의 차트이지만 MACD의 경우 추세를 고려하면 두 번의 매매를 통해서 투자심리도 하나만 이용했을 때보다 더 높은 수익을 가져올 수 있습니다.

이번에는 본격적인 상승추세를 탄 경우로, 이동평균선도 포함해 살펴보도록 하겠습니다.

투자심리도와 MACD _ 카카오

업황의 성장에 따른 시장의 상황이 좋은 경우 업종의 대표주는 상당기간 상승추세를 이어가는 경우가 종종 있습니다. 이런 경우 기술적 지표의 매매신호를 참고하지만 20일 이동평균선이 살아 있다면 과감하게 들고 가는 것도 좋은 전략입니다.

수개월을 이렇게 상승하는 추세를 타는 경우라면 엄청난 기회인데, 중간에 어설프게 매매하면 수익이 당연히 나겠지만 그냥 들고 가는 것이 단순하면서도 가장 강력한 투자전략이 됩니다. 심리도와 MACD 모두 기가 막힌 매수신호를 주었습니다. 이렇게 잘 매수했다면 추세를 대표하는 20일 이동평균선이 5일선과 10일선에 무너지지 않는다면, 홀딩 전략이 최고의 수익률을 선사하게 됩니다.

결과론적이기는 하지만, 지표들의 장단점이 있으므로 투자심리도 하나만 보고 판단하기보다는 여러 지표들과 함께 복합적으로 판단하는 것이 최고의 전략이 됩니다.

04
OBV의 개념과 활용법

"주가는 속여도 거래량은 못 속인다"라는 말이 있듯 매수세력과 매도세력 간의 전쟁의 흔적은 거래량에 그대로 투영됩니다. 거래량은 주가의 그림자이자 주가의 원동력이며, 주가의 선행지표 역할도 합니다. 거래량으로 매매시점을 잡는 OBV는 기술적 분석의 대가인 그랜빌이 만들었습니다. 오래된 지표이지만 지금도 세력주를 포착하는 데 유용한 지표로 활용되고 있습니다.

OBV의 개념

OBV의 V는 volume에서 나온 것이니 지표의 제목에서도 거래량으로 분석한다는 것을 알 수 있습니다. 거래량을 분석하여 주가의 상승 여부를 파악해보는 것입니다.

그랜빌(Granville)이 만든 OBV(On Balance Volume)는 매집 혹은 분산의 거래량을 측정하는 데 자주 사용되는 지표입니다. '거래량은 주가를 선행한다'는 가정에 의한 것으로, 상승거래량의 합계에서 하락거래량의 합계를 뺀 수치를 통해 거래에너지가 매집인지 분산인지를 파악합니다.

OBV의 계산

OBV의 계산식은 매우 간단합니다.

OBV = 주가상승일 거래량 합계 − 주가하락일 거래량 합계

- 주가상승일(당일 종가 > 전일 종가) : 전일 OBV에 가산
- 주가하락일(당일 종가 < 전일 종가) : 전일 OBV에 차감
- 주가무변동(당일 종가 = 전일 종가) : 전일 OBV 유지

이해하기 쉽게 OBV 계산방법의 예를 들면 다음과 같습니다.

주가	거래량	OBV
100	1,000	1,000
110(상승)	900	1,900
100(하락)	1,000	900
100(보합)	1,000	900

계산 자체는 그렇게 어려울 것이 없지만 그 의미를 생각해보면 흥미롭습니다. 주가가 상승한 날은 주식을 매집하려는 측이 들어온 것일 확률이 높기 때문입니다. 그렇게 거래량을 통해 매집을 파악하고자 하는 지표입니다.

OBV의 해석

기본적으로 '거래량이 증가하면 주가는 상승한다'고 봅니다. 이는 일반적인 상품시장에서도 마찬가지로 적용됩니다. 예를 들어 부동산 가격도 보통은 거래량이 많은 시기가 부동산 가격도 오르는 시기와 겹치는 경향이 있습니다. 그런데 주가흐름과는 반대의 OBV 흐름(다이버전스)은 주가전환 신호로 해석합니다. OBV 해석은 다음과 같이 정리됩니다.

- OBV 상승 : 매입 에너지가 크기에 주가상승 신호
- OBV 하락 : 매도 에너지가 크기에 주가하락 신호
- OBV 상승 + 주가하락 : 주가상승 반전 가능성
- OBV 하락 + 주가상승 : 주가하락 반전 가능성

주가가 상승한 날의 거래량 속에는 드러내기를 꺼려하는 매집세력의 거래 흔적이 남게 됩니다. 심지어 매집세력이 매집할 때 추종세력이 붙으면 고의적으로 주가를 낮추기도 합니다. 이런저런 이유로 매집과정에서 거래량이 늘어나게 됩니다. 반대로 세력이 이탈하는 경우에는 주가가 다소 하락하더라도 급하게 물량을 처분하는 경우가 많아 OBV가 하락합니다. 이를 매집과는 반대로 분산이라고 합니다.

다만 OBV의 변화는 주가변화에 선행한다고 하지만, 실전에서 보면 주가와 거의 유사하게 움직이거나 후행하는 경우도 많아 단순히 선행지표라고 보는 것은 주의가 필요합니다.

흔들기

고의적으로 주가를 낮추는 것을 주식시장에서는 '흔들기'라는 표현을 사용함

OBV의 활용전략

1) 주가와 OBV 흐름

주가와 OBV는 매우 유사한 흐름을 보입니다. 특히 대형주나 거래량이 평균 이상인 주식들의 경우 두 지표의 흐름이 같이 움직이는 경향이 더 강합니다.

OBV _ 고려아연

OBV는 거래량과 거래에너지를 분석하는 지표로 자주 사용합니다. OBV가 상승하면 매입 에너지가 크다고 봅니다. 반대로 OBV가 하락하면 에너지가 흩어진다고 봅니다. 주가와 OBV지표는 유사하게 움직이는 경향이 있습니다.

위 차트를 보면 주가와 OBV가 유사하게 움직이는 것을 알 수 있습니다. 딱히 OBV가 주가의 선행지표라기보다는 동행지표처럼 보입니다.

2) 매집세력 파악

OBV를 활용하는 전문가들은 "세력들이 매집하는 종목을 발굴하는데 OBV가 유용한 지표"라는 이야기를 많이 합니다.

OBV _ 오르비텍

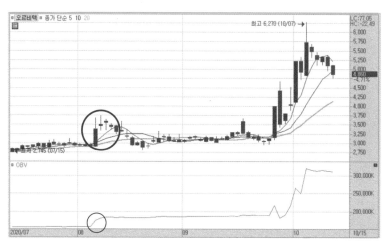

OBV는 세력의 매집 흔적을 포착하는 데 유용하다고 합니다. 주가는 크게 변동이 없는 듯 하지만 거래량이 한 단계 늘었다는 것은 세력이 물량을 확보하고 있다는 것을 의미합니다. OBV의 증가 이후 때가 되면 주가가 큰 폭의 상승을 보여주는 경우가 많습니다.

위 차트를 보면 상당기간 횡보하던 주가에 장대양봉이 나옵니다. 이후 다시 주가는 제자리로 가고 횡보하지만, OBV는 한 단계 큰 폭의 상승을 보이고 주가가 제자리를 갔던 것과는 다르게 높은 수준을 유지합니다. 매집의 흔적이 발생하면서 거래량이 늘었고, 그 거래량이 유지됩니다. 그리고 때가 되니 주가가 큰 폭의 상승을 보입니다. 이와 함께 OBV도 대폭 상승합니다.

큰 폭의 상승은 상당기간 횡보하던 주식에서 많이 나옵니다. 세력이 매집을 하게 되면 그 흔적이 남기 마련인데, 이게 OBV의 상승으로 나

타나게 됩니다. 잠잠하던 종목이 주가흐름과는 다르게 슬금슬금 OBV
가 상승한다면 뭔가 수상한 기운이 올라오는 것입니다.

OBV _ MH에탄올

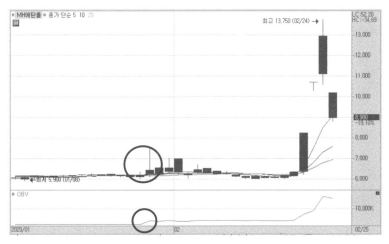

시장에서 오랜 기간 소외되었던 종목일수록 OBV지표가 한 단계 오르거나 상승한다면 관심종목에 넣
어두실 필요가 있습니다. 이런 종목이 한번 달리면 흐뭇하게 달리기 때문입니다.

　위 차트를 보면 평소에 시장에서 관심이 적었던 종목으로 주가의
변동폭도 매우 미미했습니다. 그런데 코로나19 사태로 오히려 시장의
관심을 크게 받게 되는 종목이 됩니다. 일반인이 이를 알아채기 이전
에 윗꼬리가 길게 달린 이전 주가흐름과는 다른 양봉이 나옵니다.

　이후 캔들은 주가는 횡보하지만 큰 음봉도 나오고 이전과는 확연히
다른 주가 움직임을 보입니다. 이때부터 OBV도 이전과는 다르게 꿈
틀거리며 한 단계 도약합니다. 매집단계라고 추측할 수 있습니다. 결
국은 주가가 일반인도 알 만큼 시장의 주목을 받고 시세가 분출하게
됩니다. 이런 종목을 매매하려면 끈기와 인내가 필요합니다. 본인이

시세를 움직일 만한 큰 손이나 세력이 아니라면 말이죠.

이번에는 숙제를 하나 내보겠습니다. 다음과 같은 주가차트와 OBV 차트를 보시고 여러분이라면 어떤 매매전략을 가져갈 수 있을까요?

OBV _ 젬백스링크

여러분이 직접 순수하게 OBV지표로 이후 주가를 예측·판단해보시기 바랍니다. 물론 실제 초보투자자가 투자를 할 때는 시장상황과 여러 기술적 지표를 함께 살펴봐야 합니다.

지속적인 주가하락의 모습과는 다르게 2020년 들어 OBV가 껑충 올랐습니다. 이후 주가가 어떠했을지 여러분의 예측과 일치하는지 혹은 틀리는지 차트에서 직접 확인해보시기 바랍니다.

보통 급등주는 제약 바이오 쪽에서 많이 발생합니다. 업의 특성상 매출과 이익의 변동성도 크고, 기대감이 일반 제조업과는 다르게 매우 크기 때문에 그러합니다.

급등주

단기에 급등하는 주식인 급등주는 단기에 제법 수익을 주기도 하지만 역으로 단기 수익을 노리는 개미투자자를 유인하는 수단으로도 사용되니 항상 주의가 필요함

OBV _ 진원생명과학

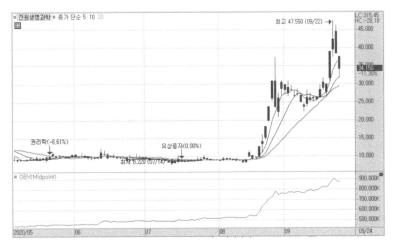

OBV지표는 세력의 움직임을 파악하는 데 유용하다고 합니다만, 실제 이를 적용하려면 인내가 필요합니다. 내가 세력이 아니라면 말이죠. 주가는 소외되어 횡보하는 듯 보이지만 OBV가 단계적으로 높아지다가 어느 순간 상승의 트리거를 당기게 됩니다.

위 차트에서도 주가는 장기간 횡보하지만 자세히 보시면 OBV는 조금씩 상승하고 있습니다. 그러다가 큰 시세를 보여줍니다. 간혹 이런 종목도 부담 없는 수준에서 포트폴리오에 편입해보시기 바랍니다.

주가를 예측하는 데 100%는 없습니다. 실전에서 매매하는 전문가들은 OBV로 세력주를 포착하는 데 많이 사용합니다. 초보투자자도 열심히 공부하면 세력에게 당하지 않고 돈을 버는 스마트 개미가 될 수 있습니다.

개미

기관투자자나 외국인과 같은 큰손에 대비하여 개인 투자자를 개미에 비유를 많이 함. 급등 후 급락패턴도 종종 발생하기 때문에 세력에 당하지 않도록 항상 조심해야 함

05

VR의 개념과 활용법

OBV가 거래의 절대량에 기반을 둔 것이라면, VR은 거래량의 비율로 분석합니다. 비율분석은 과거의 상황과 비교를 하기에 더 편리하고 유용합니다. 기본적으로 거래량이라는 것이 주가가 상승할 때 늘어난다는 것은 OBV와 같지만, 비율로 분석하기에 지금 상황이 과열인지 침체인지 분석하기가 쉽습니다. 그래서 거래량 분석지표로 VR을 더 선호하는 투자자가 많습니다.

VR의 개념

VR은 Volume Ratio라는 영어 그대로 거래량 비율을 분석하는 지표입니다. 일정 기간 동안 주가상승일의 거래량과 주가하락일의 거래량의 비율을 백분율로 나타내는 지표입니다. OBV(On Balance Volume; 일정 기간 동안의 주가상승일 거래량 누계에서 주가하락일 거래량 누계를 차감해 산출)는 시장의 추세를 예측하는 데는 유용하지만 거래 절대양의 누적차수이기 때문에 그 자체만으로 시세를 판단하거나 과거와 비교하기 어렵습니다. 이런 결점을 보완한 VR은 거래량의 비율로 나타내는 지표입니다.

거래량은 주가가 상승할 때가 하락할 때보다 높기 때문에 일반적

비율

절대양을 나타내는 OBV보다는 VR이 비율로 나타내므로 좀 더 거래량 변화에 민감하게 지표값이 반응함

262

인 상황이라면 100%가 넘게 나오게 됩니다. 즉 100%는 주가가 상승할 때와 주가가 하락할 때의 거래량이 같다는 의미이므로 일반적으로 100%가 넘어 150% 수준이 보통 수준에 해당합니다.

VR의 계산

VR의 계산식은 다음과 같습니다.

$$VR = \frac{(\text{N일간 주가상승일의 거래량 합계} + \text{N일간 변동이 없는 날의 거래량 합계} \times 0.5)}{(\text{N일간 주가하락일의 거래량 합계} + \text{N일간 변동이 없는 날의 거래량 합계} \times 0.5)} \times 100$$

N일은 흔히 1개월간(25일)의 주식거래량을 기준으로 산출합니다.

N일

일반적으로 25일을 사용하나 20일을 선호하는 투자자도 있음. 기간을 짧게 잡으면 거래량 변동에 좀 더 민감하게 반응함

VR의 해석

일반적으로 VR 수치는 다음과 같이 해석합니다.

- 70% 이하 : 바닥

- 100% : 약세

- 150% : 보통 ; 상승 시 거래량이 하락 시 거래량의 1.5배

- 300% 초과 : 강세

- 450% 초과 : 과열

보통 상승할 때 거래량이 늘기 때문에 VR 수치가 100% 수준을 넘는 것이 일반적입니다. 강한 상승의 경우에는 VR 수치가 450%를 훌쩍 넘어 치솟는 경우도 종종 발생하나, 70% 수준으로 하락하는 경우는 드물게 나옵니다. 그래서 VR지표는 바닥을 파악하는 데 좀 더 유용하다는 의견이 많습니다.

VR _ 삼성화재

VR지표는 100% 수준을 약세로 판단하고, 300%를 초과하면 강세로 판단합니다. 100% 아래에서 매수하고 300% 위에서 매도하는 전략이 일반적으로 사용하는 전략입니다.

위 차트를 보면 VR 수치가 줄곧 100% 언저리에서 100% 아래에 머무르다가 100%를 강하게 돌파하며 상승하는 모습을 보입니다. 바로 이때가 적절한 매수타이밍이며, 300%를 넘어 과열권일 때 매도하게 됩니다.

VR 활용 시 주의사항

위와 아래로 변동성이 큰 개별종목이나 시장이 강세인 경우에는 VR 지표가 300%가 넘는 경우가 자주 발생합니다. 또한 과열이라고 판단되나 주가는 탄력을 받아 지속적으로 상승하는 경우가 종종 발생하기도 합니다.

VR _ DB하이텍

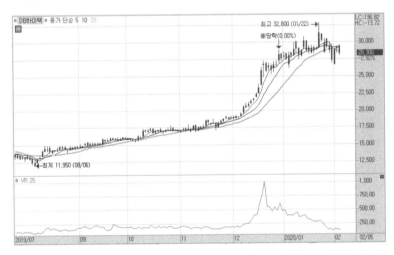

주가가 강한 상승탄력을 받게 되면 VR지표가 450%를 넘는 경우가 종종 발생합니다. 하나의 보조지표로 기계적인 대응을 하는 것보다는 시장상황과 함께, 그리고 다른 보조지표와 함께 분석하면서 매매하는 것이 좋습니다.

위 차트에서 보면 추세적 상승의 끝자락에서는 VR지표가 1,000%에도 이르고 있습니다. 그런데 만약 VR지표가 300%에서 450%에서 분할매도를 하게 되면 제대로 된 수익을 보지도 못하고 매도하는 상황이 생길 수 있습니다.

VR과 MACD _ DB하이텍

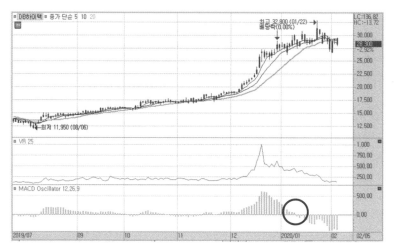

주가가 상승추세 혹은 하락추세를 보이는 경우 추세적 기술지표와 함께 분석하면 좋습니다. VR지표와
함께 MACD 지표를 활용하는 것도 좋은 방법입니다.

　　어느 지표나 마찬가지이지만 하나의 지표만으로 판단하는 것은 위
험합니다. VR지표를 MACD 지표와 함께 분석한다면 추세적 상승의
상당부분을 수익으로 챙길 수 있습니다. 이동평균선으로 분석하더라
도 상승추세가 살아 있다면 조기에 매도하기보다는 추세가 꺾이면서
이동평균선이 얽히는 부분까지 지켜보는 것이 좋겠습니다.

06
볼린저밴드의 개념과 활용법

볼린저밴드에는 표준편차라는 개념이 도입되어 있습니다. 쉽게 말해 '평균으로부터 흩어져 있는 정도'를 말하는 표준편차는, 주가가 불규칙하게 움직이지만 평균에서 확률적으로 일정 범위 내에서 움직인다는 것을 그림으로 보여주고 있습니다. 약 95%의 확률로 볼린저밴드가 정한 범위 내에 있게 되는데, 복잡한 계산식을 모르더라도 초보투자자도 활용하기 좋은 지표입니다.

볼린저밴드의 개념

볼린저밴드(Bollinger Band)는 1980년대 초반 존 볼린저(Jonh Bollinger)가 고안해 자신의 이름을 딴 지표입니다. 구체적으로는 '주가의 변동이 표준정규분포 함수에 따른다'고 가정하고, 주가에 따라 위아래로 폭이 같이 움직이는 밴드를 만들어 주가를 그 밴드의 기준선으로 판단하고자 고안된 지표입니다. 볼린저밴드는 밴드의 범위를 표준편차의 2배수로 결정했습니다.

표준편차의 2배

표준편차의 2배로 범위를 정했다는 것은 약 95% 확률로 주가가 밴드 내에서 움직인다는 의미임. 다르게 표현하면 밴드 밖으로 나갈 확률은 약 5% 수준이라는 것임

볼린저밴드의 계산

볼린저밴드의 구조는 '추세중심선(이동평균선), 상한선(상단밴드), 하한선(하단밴드)'로 구성되어 있습니다.

- 추세중심선 : N일의 이동평균선
- 상한선 : 추세중심 + 2σ(표준편차)
- 하한선 : 추세중심 − 2σ(표준편차)

밴드 크기를 결정하는 표준편차 배수는 일반적으로 2배를 많이 사용합니다. 그리고 추세중심선인 이동평균선은 20일을 주로 사용합니다. 볼린저밴드는 '주가가 상한선과 하한선을 경계로 등락을 거듭한다'는 전제에서 출발합니다. 일반적으로 중심선인 20일 이동평균선, 중심선에서 '표준편차×2'를 더한 상한선, '표준편차×2'를 뺀 하한선으로 구성합니다. 따라서 약 95%의 확률로 주가는 볼린저밴드 내에서 수렴과 발산을 반복하면서 움직이게 됩니다.

볼린저밴드의 해석

주가는 일정한 기간 동안 시장상황에 따라 과매수나 과매도 상태가 될 수 있기 때문에 상한선과 하한선, 기준선으로 현재 가격이 높거나 낮은지를 파악해 매매타이밍을 파악할 수 있습니다. 가격이 밴드의 중심선 위에 있을 경우에는 상승추세이며, 밴드의 상한선 근처에서는 매도물량이 나와 저항을 받게 됩니다. 반대로 가격이 밴드의 중심선 아래에 있을 경우 하락추세로 보고 밴드의 하한선 근처에서는 주가가 저가 매수세의 지지를 받게 됩니다.

이런 점을 활용하는 가장 기본적인 매매기법은 간단합니다. 밴드의 하한선에서 매수하고, 밴드의 상한선에서 매도하는 것입니다.

볼린저밴드 _ KT&G

업종에서 지배력이 크고 상대적으로 주가 변동성이 크지 않은 종목은 볼린저밴드에 잘 맞는 경우가 많습니다. 볼린저밴드의 하단에서 매수하고 상단에서 매도하는 전략이 일반적인 전략입니다.

중심선인 20일 이동평균선을 중심으로 아래에서 하단밴드 근처에서 매수하고, 중심선 위에서 상단밴드 근처에서 매도하는 전략이 기본적인 전략이며, 누구나 쉽게 따라할 수 있는 매매방법입니다.

위 차트에서도 매매시점을 찾는 것이 어렵지 않습니다. 이런 매매전략에는 대형주이면서 주가의 변동폭이 크지 않은 종목이 좋습니다. 시장민감도를 나타내는 베타값이 낮은 종목이 잘 어울립니다.

볼린저밴드 _ 기업은행

은행주도 성장성이 크거나 변동성이 큰 종목은 아니기 때문에 볼린저밴드와 궁합이 맞는 업종입니다.
여러분이 스스로 매수시점과 매도시점을 찾는 것이 어렵지 않으실 겁니다.

변동성이 적은 종목

한국전력이나 KT&G, 도시가스회사와 같이 필수적이면서 경기변동 영향을 적게 받는 종목은 변동성이 낮게 형성됨

　　은행주와 같이 변동성이 상대적으로 적고 배당도 꾸준한 종목이 초보투자자도 볼린저밴드로 매매하기에 괜찮은 종목입니다. 금융주는 일반적으로 변동성이 상대적으로 낮고 PER배수도 낮은 경우가 많습니다. 산업 자체가 안정적이고 성장성이 낮은 측면이 그 이유입니다. 위 차트에서 여러분이 매매시점을 직접 찾아보시기 바랍니다. 그리 어렵지 않으니 도전해보시기 바랍니다.

　　다만 주의할 점이 있습니다. 성장성이나 변동성이 큰 종목은 종종 밴드를 벗어나는 경우가 많다는 것입니다. 처음에는 변동성이 적은 종목에서 매매하고, 다음의 볼린저밴드 활용을 익힌 후에 좀 더 응용된 매매전략도 활용해보길 바랍니다.

볼린저밴드의 밴드폭 활용전략

이것은 밴드 자체의 폭이 수축이나 확장하는 변동성을 활용하는 방법입니다. 밴드 자체의 폭이 축소되면서 밀집구간을 거치면 힘이 모이는 구간이라고 합니다. 이후 상단 밴드를 돌파할 때 상한선이라 매도하는 게 아니라 주식을 매수합니다. 반대로 밴드 밀집구간을 거쳐 하단 밴드에서 하향이탈할 때 주식을 매도해야 합니다.

밀집구간

횡보하는 구간에서는 밴드가 좁아지며 주가 및 밴드의 선들이 밀집하며 뭉쳐짐

볼린저밴드 _ 젬백스

볼린저밴드의 상하단이 좁아지면 위나 아래로 움직일 에너지를 모으고 있다고 봅니다. 이후 볼린저밴드가 급격히 확대되면서 주가가 움직이는데. 만약 상승으로 나타난다면 단순히 밴드의 상단에 접한다고 매도하지 않고 밴드의 상단 위에서 내려와 밴드의 중간 정도 왔을 때 매도하는 전략이 좋습니다.

위 차트를 보면 주가가 횡보하면서 밴드의 상하한이 붙어 있다가 어느 순간 밴드상단을 돌파하면서 밴드의 상한선을 타고 주가가 급등합니다. 밴드를 위로 이탈했다는 것은 새로운 추세가 만들어진다는 의미입니다. 횡보기간이 길수록 상승의 힘은 큽니다. 오르던 주가가 밴

드하한선 근처에 왔을 때인 '차트에서의 중간원'이 매도시점입니다. 전문가에 따라서는 상승추세에서 확대되던 밴드폭이 추세가 꺾이지 않고 축소되면 오히려 매수시점이라고 합니다만, 초보투자자가 이런 매매기법을 쓰기에는 경험이 더 쌓여야 합니다. 그리고 상승추세가 유지되던 중심선의 기울기가 우하향으로 전환하면서 다시 밴드의 하한선 근처에 오면 물량을 모두 정리하는 시점이 됩니다. 제약, 바이오, IT 장비주, 변동성이 큰 기술주 등에서 이런 차트가 종종 발생합니다.

이번에는 밴드를 하향이탈하는 경우를 살펴보겠습니다.

볼린저밴드 _ LG이노텍

밴드의 하향이탈은 하락추세의 강화를 의미합니다. 하락추세에서는 추세가 반등하는 것을 확인한 후에 매매하는 것이 안전합니다.

위 차트는 밴드의 하한선을 이탈하는 모습을 보여주고 있습니다. 밴드 상향돌파가 상승의 새로운 추세를 알린다면, 반대로 밴드 하향이탈은 하락의 추세가 강해진다는 것을 의미합니다.

하락구간에서도 전문가들은 빠른 매매로 수익을 남길 수 있겠지만, 초보투자자라면 기본적으로 이렇게 밴드를 하향이탈하는 상황에서는 매매를 하지 않는 것이 좋겠습니다. 하락이 마무리되고 주가가 중심선을 지나 상한선 근처로 반등하는 모습이 나올 때 매수하는 것이 스마트하고 합리적입니다. 이때 기준선의 기울기가 반등하는 모습을 확인할 수 있습니다.

투자할 종목은 많습니다. 오르는 종목에서 매매하는 것이 성공할 확률이 높아진다는 점을 꼭 명심하시길 바랍니다.

볼린저밴드의 한계

볼린저밴드는 정해진 밴드 안에서 주가가 움직이므로 시각적으로 쉽게 주가의 위치를 찾을 수 있는 장점이 있습니다. 밴드의 상단에서 보수적인 접근을 하고, 밴드의 하단에서는 매수타이밍을 찾아보는 방법이 가장 보편적이고 무난한 방법입니다.

다만 앞에서도 이야기했지만 차트의 움직임만으로 어떤 기업의 매매타이밍을 모두 파악할 수 있다고 생각하는 것 자체가 무리입니다. 주가의 변동성이 낮고 우량주 위주로 매매를 시작하다가 좀 더 변동성이 높은 종목으로 확장하는 것이 초보투자자에게는 적당합니다. 그리고 늘 당부하는 이야기지만 이때에도 기술적 지표를 하나만 사용하기보다는 여러 지표를 복합적으로 참고해야 합니다.

시각적
볼린저밴드의 최고의 장점은 확률적으로 주가가 움직일 범위를 상하밴드로 명확하게 보여준다는 점임

07
엔벨로프의 개념과 활용법

볼린저밴드가 표준편차를 사용해 상한선과 하한선을 설정하기에 밴드 폭이 넓거나 좁게 변하게 됩니다. 가격의 상하한선을 만들어 매매에 도움을 받는 지표라는 점은 볼린저밴드와 같지만, 엔벨로프지표는 이동평균선에 일정한 비율을 곱해 상하한선을 만듭니다. 그래서 박스의 폭이 일정해 횡보하는 경우 봉투 모양이라고 해서 envelope라는 이름을 가지게 되었다고 합니다.

엔벨로프의 개념

엔벨로프(Envelope) 지표의 기본적인 컨셉은 볼린저밴드와 유사합니다. 주가가 평균으로부터 멀어지면 다시 회귀하려는 성격을 가지고 있다고 보는 것입니다.

상하한선에 설정되는 %는 이격도와 같습니다. 즉 그 중심선을 20일 이동평균선으로 잡고 이격도를 6%로 설정하면, 차트에 20일 이동평균선과 이격이 6% 벌어진 지점에 위아래로 선이 만들어지게 됩니다. 어떻게 보면 간단하게 엔벨로프라는 지표가 완성됩니다. 이 엔벨로프지표는 활용을 어떻게 하느냐에 따라 참 흥미로운 지표입니다. 특히 하한선 설정 변경을 통해 초보투자자도 마음 편하게 투자할 수 있습니다.

엔벨로프의 계산

추세 중심선을 기준으로 상한과 하한을 정해 표시를 합니다. 볼린 저밴드와 마찬가지로 추세 중심선, 상한선, 하한선의 구조로 이루어져 있습니다.

- 추세 중심선 : N일 이동평균선
- 상한선 : 추세중심선을 기준으로 +설정 % → 저항선 역할
- 하한선 : 추세중심선을 기준으로 −설정 % → 지지선 역할

N일은 주로 20일 이동평균선을 사용합니다.

상하한선 설정은 6%를 가장 많이 사용하는데, 투자자에 따라서 2∼20%로 다양하게 설정합니다. 변동성이 큰 종목은 범위를 넓게 잡고 판단합니다. 보수적인 투자자인 경우 범위를 넓게 잡으면 매매신호가 적게 나오게 됩니다.

엔벨로프의 활용전략

추세중심선을 이동평균선으로 일정 이격을 설정해 지지선, 저항선 역할을 한다고 생각해 그 중심으로 일정 구간의 띠를 만들어 매매하는 기법이 가장 기본적인 엔벨로프의 활용입니다. 설정한 이격의 위(상한선)에 도달하면 매도하고, 이격의 아래(하한선)에 도달하면 매수하는 것이 가장 기본적인 매매기법입니다.

엔벨로프 _ 현대자동차

엔벨로프지표는 이동평균선에 일정한 비율을 곱해서 상하한선을 만듭니다. 일반적으로 상하 6%를 많이 적용합니다. 엔벨로프는 볼린저밴드와는 다르게 일정한 간격을 유지하기 때문에 초보투자자도 활용하기에 편리한 지표입니다.

위 차트를 보면 볼린저밴드와 마찬가지로 하한선에서 매수하고 상한선에서 매도하는 전략을 취하면 됩니다. 추세적인 상승이나 하락하는 종목보다는 횡보하면서 상하로 움직이는 종목이 엔벨로프로 매매하기에 좋습니다. 대형주나 우량주로 매매하면 6% 정도 이격이 이루어지면, 특히 떨어지면 다시 반등을 주는 경우가 많으므로 상대적으로 안정적인 매매를 할 수 있습니다.

한걸음 더 나아가 자신만의 투자스타일로 응용할 수 있습니다. 특히 초보투자자가 보수적으로 투자하기를 원하는 경우 기술적 지표 설정을 변경해 사용하면 좋습니다.

장기적인 관점에서 저점을 찾아 투자하고 싶은 보수적인 초보투자자라면 일봉이 아닌 주봉을 기준으로 설정해서 보면 장기적인 흐름을 보는 데 유리합니다. 상하한폭도 10% 정도로 설정하게 되면 중심선에서 10% 이격인 경우 매수신호가 발생하므로 웬만해서는 손절이 필요 없는 수준에서 매수할 수 있습니다.

한국을 대표하는 종목인 삼성전자에 적용해보도록 하겠습니다. 설정을 변경하는 방법은 키움증권의 HTS를 예를 들어 설명드리겠습니다. 대부분의 HTS화면이 유사합니다. 그림에서 보듯 기술적 지표를 클릭하고 지표조건 설정에서 퍼센트를 6으로 설정된 것을 10으로 변경 확인하면 됩니다. 그리고 주봉으로 보고자 한다면 '주'를 선택하면 됩니다.

지표설정

기술적 지표

본 책의 기술적 지표는 키움증권의 HTS 화면을 기본으로 함. 다만 여러 증권사의 HTS 화면이 크게 차이가 나는 것은 아니며 유사함

엔벨로프 _ 삼성전자

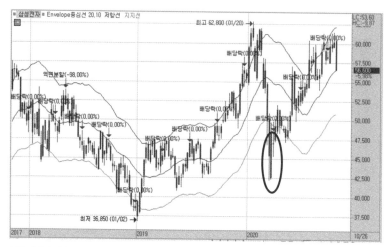

삼성전자와 같은 우량주로 −10%를 걸어놓고 해당 시기에만 매매를 하는 경우입니다. 일반적인 상황이라면 1년에 한두 번은 매매신호를 주게 됩니다. 우량주일수록 이동평균에서 −10% 수준이라면 보수적인 투자자라도 매수하기에 부담 없는 수준입니다.

이렇게 지표를 변경하고 나서 살펴보니 10%를 터치한 경우가 1년에 몇 번 발생하지 않습니다. 하락추세인 2018년에도 10%를 터치한 경우가 서너 번 발생합니다.

목표수익률을 10% 정도 잡고 투자하면 매수 후 10%를 벌고 매도하는 전략으로 상당한 수익이 가능합니다. 코로나19 사태와 같은 위기상황에서 매수했다고 하더라도 일정 기간이 지나면 언제 그랬나 싶게 다시 반등을 주었기 때문에, 초우량주로 10% 하락이격 시 매매하는 전략은 보수적 투자자라도 마음 편하게 매매하는 비법이 됩니다.

보수적 투자자

보수적인가 혹은 적극적인가에 대해 옳고 그름은 없음. 투자 스타일의 문제이기 때문임. 보수적 투자자는 목표수익률을 상대적으로 낮게 잡고, 대신 위험회피성향이 큰 투자자를 말함

10% 하락이격 시 매수전략

투자자의 스타일에 따라 다르겠지만 수시로 매매하는 분이라면 답답하게 느낄 수 있는 전략이 '10% 하락이격 시 매수전략'입니다. 그러나 원금손실이 싫은 투자자이거나 투자경험이 적은 초보투자자라면 매우 유효한 투자전략이 됩니다.

종목은 업종 대표주로 한정해서 매매하시기 바랍니다. 더욱 안정적입니다. 화학주의 대표종목이라 할 수 있는 LG화학을 예로 들어 보겠습니다.

아래 차트는 엔벨로프지표 설정을 주봉으로 -10%를 하한으로 설정한 것입니다. -10% 이격을 터치한 경우가 1년에 역시 서너 번 발생하고, 그 이후 기다리면 10% 이상 상승을 보여주는 경우가 대다수입

엔벨로프 _ LG화학

업종 대표주로 엔벨로프지표를 활용하는 사례입니다. 장기적으로 매매할 수 있거나 보수적인 초보투자자라면 충분히 활용할 만한 투자방법입니다.

니다. 하한선을 터치하고 꼭 상한선까지 가지 않더라도 수익률을 10% 정도 달성하면 매도하고 또 다른 업종 대표주를 찾아서 매매하면 됩니다.

투자자에 따라서는 −20%를 설정하는 분도 있긴 합니다. 그런데 이런 경우 매매신호가 잘 나오지 않아서 보수적이라 하더라도 10% 정도가 적당해 보입니다.

만약 물렸다면 어떻게 해야 할까요? 그래도 걱정할 필요가 없습니다. 업종 대표주는 물타기가 가능합니다. 어떤 산업이건 불황이 있습니다. 그러나 해당산업이 없어지지 않는 한 반등의 기회가 옵니다. 산업 내에서 경쟁력이 떨어지는 회사들이 탈락하고 나서 업황이 개선되면, 업종 대표주는 가장 먼저 회복하면서 다시 수익을 주게 됩니다. 이마저도 두렵다면 주식투자는 본인과 맞지 않는 투자방법입니다.

투자는 즐겁게 부담 없는 여유자금으로 한다면 꼭 성공할 수 있습니다. 단, 공부하면서 실수를 줄여나갈 수만 있다면 말이죠.

물타기

주가가 하락하는 경우 추가로 매입하며 매매 단가를 낮추는 것을 말함. 일정 기간 주기적으로 매입하는 적립식 투자와는 다른 개념이며, 고수들은 물타기보다는 손절매를 선호함

08
시장동향지표의 종류와 활용법

시장과 개별종목은 별로 관계가 없을 것이라고 생각한다면 큰 오산입니다. 수많은 종목들이 서로 영향을 주고받으며 시장을 형성하기 때문입니다. 시장의 동향을 파악하는 여러 지표들을 확인하면서 매매하는 것이 안전하고 성공확률도 높입니다. 여러 증권회사의 HTS가 유사하지만 여기서는 키움증권 HTS를 기준으로 놓쳐서는 안 되는 시장동향지표들을 살펴보겠습니다.

투자자별 동향

한국의 주식시장에서 큰 손은 외국인입니다. 외국인 투자자가 한국 주식시장에 새로 유입되는지 혹은 이탈하는지에 따라 종합주가지수가 출렁거리게 됩니다. 개별종목의 시세에도 외국인은 당연히 큰 영향을 미치게 됩니다.

1) 외국인 투자자 비중

주식시장에서 외국인 투자자의 동향은 꼭 눈여겨봐야 합니다. 외국인 투자자가 늘수록 일반적으로 주가는 오르기 때문입니다.

외국인 투자자

외국인 투자자라고 말하지만 외국인 투자자에도 다양한 투자목적과 투자금의 성격이 있으므로 함부로 일반화하기는 어려움. 예를 들어 외국인 투자자는 대부분 장기투자를 선호한다고 생각한다면 당황스러운 순간을 자주 만나게 됨

외국인 투자자 비중 _ 삼성전자

외국인 투자자의 동향은 당연히 확인해야 합니다. 외국인 투자자와 같은 방향으로 매매해야 성공확률이 높아집니다.

삼성전자는 한국을 대표하는 종목이자 외국인 투자자도 선호하는 주식입니다. 한국의 자존심과 같은 종목이라고 할 수 있습니다.

위 차트에서 보듯이 삼성전자의 외국인 투자자 비중은 50%가 넘습니다. 아울러 외국인 투자비중과 주가와는 높은 상관관계가 있음을 알 수 있습니다. 어느 종목이건 외국인 투자자의 비중이 늘어나면 주가는 오를 확률이 높습니다. 더 많은 개인투자자가 삼성전자에 투자해 삼성전자의 배당이 한국에 더 많이 남게 되면 좋겠습니다.

2) 기관투자자 비중

기관투자자의 개념을 잘 모르는 분들이 의외로 많습니다. 기관투자자에는 대장이라고 할 수 있는 국민연금을 비롯한 은행, 보험회사, 증권회사와 같은 금융기관과 각종 기금을 관리 운용하는 법인을 포함합니다. 기관투자자는 아무래도 단기매매보다는 중장기매매를 선호하는 경우가 많아 기관투자자의 투자증가는 개별종목의 주가에 긍정적인 영향을 미치게 됩니다.

기관투자자

금융투자업자(증권사, 운용사)뿐만 아니라 은행, 보험회사와 같은 금융회사에 연기금 등을 아울러 기관투자자라고 함

기관투자자 비중 _ 한국화장품제조

개인투자자는 기관투자자를 탐탁지 않게 보는 경우도 많지만 기관투자자의 동향도 확인하면서 매매해야 합니다. 개인투자자만으로 추세를 형성하기는 어렵기 때문입니다.

위 차트를 보면 기관투자자의 보유수량이 늘어나는 것과 주가의 상승이 높은 관계에 있음을 알 수 있습니다. 개인투자자는 아무래도 응집력이 떨어지기 때문에 주가를 움직이는 데 한계가 많습니다. 투자에 앞서 외국인과 기관투자자의 매매동향은 기본적으로 잘 살펴봐야 합니다.

고객예탁금

주식투자를 하려면 당연히 증권계좌를 개설하고 주식매매를 위한 자금을 예치하게 됩니다. 고객예탁금이 늘어난다는 것은 주식투자자가 늘고 매수가 가능한 재원이 늘어난다는 의미입니다.

고객예탁금 _ 코스피

고객예탁금은 기본적인 증권시장의 체력이라고 할 수 있습니다. 고객예탁금의 상승은 매수세의 증가와 유사한 말입니다.

위 차트를 보면 코로나19 사태로 주가의 급락이 발생하는 동안 고객예탁금이 급증하는 것을 보여주고 있습니다. 스마트해진 개인투자자가 대거 유입된 탓입니다.

코로나19 사태가 위기인 것은 분명하나 경제의 구조적인 문제가 아닌 위기로 보고 급락 이후 회복을 염두에 두고 한발 빠르게 움직인 것으로 판단됩니다. 이후 주가도 회복하고 예탁금도 증가추세 후 안정적으로 유지되고 있습니다. 한국주식시장이 예전보다 좀 더 탄탄해지는 느낌입니다.

개인투자자 추이 _ 코스피

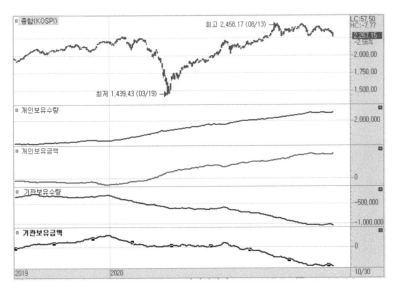

코로나19 사태 이후 개인투자자의 중요성이 높아지고 있습니다. 펀드와 같은 간접투자보다는 직접투자로 참여하는 경우도 많아지고 있습니다. 이런 추세가 기관의 점유하락과 대비되는 것을 이 차트에서 확인할 수 있습니다.

한국의 주식시장이 코로나19 사태 이전과 이후로 조금은 다른 모습을 보여주고 있습니다. 개인투자자가 늘고, 상대적으로 기관투자가 줄어든 것으로 확인되고 있습니다.

제 개인적인 경험으로도 평소에 주식을 투자하지 않던 보수적인 분들도 주식투자 상담이 부쩍 늘어나는 것을 피부로 느끼고 있습니다. 여유자금으로 공부하면서 천천히 투자를 즐기시라고 당부드리면서 상담하고 있습니다.

한국의 좋은 주식을 가지고 있다는 것은 투자를 배우고 자본주의를 체득하는 가장 좋은 방법이기도 합니다. 건전한 투자문화가 더욱 확산되기를 기원합니다.

금리

금리

금리는 이자율과 같은 말이고 다른 각도에서 보면 할인율과도 같은 말임. 일반적으로 금리가 오르면 할인율이 높아지는 것이므로 특히 채권의 가격하락에 많은 영향을 미침

거시경제에서 여러 중요한 팩터들이 있지만 금리는 매우 중요한 요소입니다. 금리라는 것은 '자본의 가격'이자 '자금의 신호등'입니다. 금리의 변화는 경제 전반에 영향을 미치지만 자금을 운용해 수익을 거두는 금융기관에 특히 중요합니다.

금리와 주가의 관계 _ 기업은행

금리는 자본의 가격이라 할 수 있습니다. 기본적으로 금리동향은 금융업에 영향이 크지만 사실 시장전체에 영향을 미친다고 할 수 있습니다.

은행은 금리가 하락하면 대출이자 가격이 낮아지는 셈이므로 아무래도 수익성이 약해집니다. 앞 페이지의 차트에서도 금리와 함께 주가도 하락하는 추세를 확인할 수 있습니다.

제가 은행에 근무하던 시절에는 개인대출 금리가 연 10% 수준이었으니 금리가 정말 대폭 하락했습니다. 과거에 비해 은행이 많이 통합된 것이 어떻게 보면 자연스러운 결과일 수 있겠습니다.

환율

환율은 수출이 중요한 한국경제에서는 중요도가 높은 변수입니다. 그런데 환율이라는 것이 두 나라 간의 통화의 교환이면서 해외에서 바라보는 한국통화의 가격이라는 측면이 복합적으로 작용하기 때문에 예측이 가장 어려운 분야이기도 합니다.

따라서 환율이 높은 수준일 때 수출이 잘 되기 때문에 고환율이 한국경제에 유리하다고만 생각하면 오산입니다. 환율은 원화가치를 의미하므로 한국경제가 힘들다고 보면 환율이 치솟는(달러가치의 상승) 경향이 발생합니다.

환율

환율은 두 나라 화폐의 교환비율이므로 환율의 결정은 하나의 나라가 결정하는 것이 아니기 때문에 가장 예측이 어려운 거시경제 지표임. 수출이 중요한 한국의 입장에서도 주식 투자자 입장에서도 매우 중요한 지표임

환율과 주가의 관계 _ 코스피

환율은 참 재미있는 지표입니다. 수출 위주의 한국은 환율이 높은 것이 좋겠다고 하지만 장기적으로 환율이 안정적인 것이 주식시장에는 가장 좋습니다.

위 차트에서도 코로나19 사태로 글로벌 경제가 침체에 들어가자 환율이 급등하는 것을, 즉 달러가치가 치솟는 것을 보실 수 있습니다. 주식투자자 입장에서는 환율이 안정적인 상황이 가장 유리하며, 환율이 갑자기 급등하는 것은 한국경제에 대한 불안심리가 영향을 미치는 것이므로 주식투자에도 악영향을 끼칩니다.

신용잔고

신용이라는 것은 쉽게 말하면 돈을 빌려 주식을 사는 것입니다. 일단 신용은 주식매수 세력의 증가를 의미하기 때문에 신용이 정리되기

신용잔고 _ 주성엔지니어링

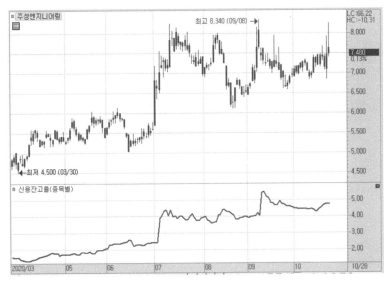

신용잔고가 많다는 것은 돈을 빌려서 주식을 매입한 양이 늘었다는 것이니 주가와 유사한 움직임을
보이지만, 신용투자 자체가 레버리지를 높이는 것으로 초보투자자에게는 권하지 않는 투자방법입니다.

전까지는 매수세의 증가로 주가에 긍정적인 영향을 미칩니다.

위 차트에서도 주가의 상승과 신용잔고의 증가는 함께 움직이는 경
향을 보이고 있습니다. 다만 신용을 무한정 사용할 수 있는 것은 아니
고, 만일 주가가 급락하는 상황이 오면 신용으로 매수한 물량이 오히
려 신용상환 물량으로 돌변해 주가하락을 가속화시키기도 하므로 각
별한 주의가 필요합니다.

신용의 위험성은 아무리 강조해도 지나치지 않습니다. 돈을 빌려서
투자하게 되면 소위 말하는 레버리지 효과를 키워 수익을 증폭시킬 수
있습니다. 그러나 세상에 공짜는 없듯이 신용에는 수익이 커질 수 있
는 가능성만큼 손실이 커질 가능성도 함께 가지고 있습니다.

물론 신용으로 주식투자하는 것이 무조건 나쁘다는 것은 아닙니다.

다만 초보투자자가 함부로 신용을 이용해 투자하다가는 손실을 키워 감당하기 어려운 상황이 생기는 것이 걱정이 되기 때문입니다.

돈을 빌린다는 것은 만기가 있다는 것인데, 주식투자는 변동성을 내재하므로 만기가 왔을 때 수익이 생기면 좋겠지만, 원하지 않는 상황이 생기면 손실을 감내하기 힘들어질 수 있습니다.

그래서 전문가가 아니라면 만기가 따로 없는 주식과 만기가 정해진 대출은 궁합이 안 맞는 조합이라고 생각하셔야 합니다. 주식은 여유자금으로 즐겁게 투자해야 수익도 늘어날 확률이 높습니다.

Q 다음의 일목균형표를 보고
매수시점을 찾아보고 이유를 설명해주세요.

정답 및 해설

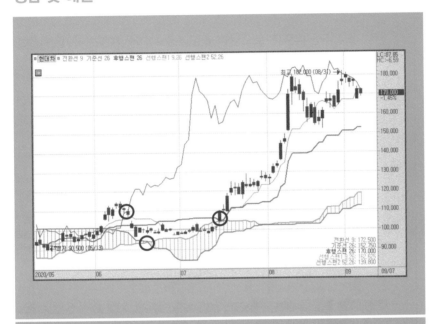

1) 첫 번째 원 : 후행스팬이 주가를 상향 돌파

2) 두 번째 원 : 음운에서 양운으로 전환

3) 세 번째 원 : 주가가 기준선 우상향 돌파

　　매수 후에는 반대로 양운이 음운으로 전환되는지 주가가 기준선을 하향돌파하는지 등을 확인하고 매도하면 됩니다.

> **Q** 다음 볼린저밴드를 보고
> 매수와 매도시점을 선정해보세요.

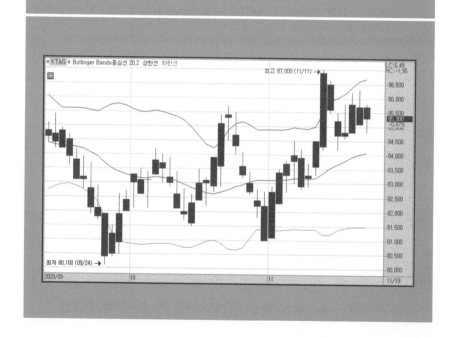

정답 및 해설

볼린저밴드 하나만을 가지고도 전문가들은 수십 가지 매매전략을 짤 수 있겠지만, 초보투자자의 가장 기본적이고도 쉬운 매매방법은 볼린저밴드의 하단에서 매수하고 상단에서 매도하는 방법입니다. 소형주보다는 횡보하는 대형주를 매매할 때 매우 유용한 전략입니다. 한 가지만 더 보충하자면 초보자일수록 주가가 하향추세인 경우에는 매매타이밍을 잘 잡더라도 수익을 거두기가 어렵다는 점입니다. 매매에 자신감이 붙을 때까지는 주가가 상승추세에 있거나 횡보하는 상황에서 매매하는 것이 좋습니다.

■ 독자 여러분의 소중한 원고를 기다립니다 ──────────────

메이트북스는 독자 여러분의 소중한 원고를 기다리고 있습니다. 집필을 끝냈거나 집필중인 원고가 있
으신 분은 khg0109@hanmail.net으로 원고의 간단한 기획의도와 개요, 연락처 등과 함께 보내주시
면 최대한 빨리 검토한 후에 연락드리겠습니다. 머뭇거리지 마시고 언제라도 메이트북스의 문을 두드
리시면 반갑게 맞이하겠습니다.

■ 메이트북스 SNS는 보물창고입니다 ──────────────

메이트북스 홈페이지 www.matebooks.co.kr

책에 대한 칼럼 및 신간정보, 베스트셀러 및 스테디셀러 정보뿐
만 아니라 저자의 인터뷰 및 책 소개 동영상을 보실 수 있습니다.

메이트북스 유튜브 bit.ly/2qXrcUb

활발하게 업로드되는 저자의 인터뷰, 책 소개 동영상을 통해 책
에서는 접할 수 없었던 입체적인 정보들을 경험하실 수 있습니다.

메이트북스 블로그 blog.naver.com/1n1media

1분 전문가 칼럼, 화제의 책, 화제의 동영상 등 독자 여러분을 위
해 다양한 콘텐츠를 매일 올리고 있습니다.

메이트북스 네이버 포스트 post.naver.com/1n1media

도서 내용을 재구성해 만든 블로그형, 카드뉴스형 포스트를 통해
유익하고 통찰력 있는 정보들을 경험하실 수 있습니다.

STEP 1. 네이버 검색창 옆의 카메라 모양 아이콘을 누르세요.　　STEP 2. 스마트렌즈를 통해 각 QR코드를 스캔하시면 됩니다.
STEP 3. 팝업창을 누르시면 메이트북스의 SNS가 나옵니다.